karl heinz roth
griechenland am abgrund
die deutsche reparationsschuld
eine flugschrift

Karl Heinz Roth ist Historiker, Mediziner und Vorstandsmitglied der Stiftung für Sozialgeschichte des 20. Jahrhunderts in Bremen. Von ihm erschienen im VSA: Verlag u.a. der gemeinsam mit Angelika Ebbinghaus herausgegebene Band »Rote Kapellen – Kreisauer Kreise – Schwarze Kapellen. Neue Sichtweisen auf den Widerstand gegen die NS-Diktatur 1938-1945« (2004), die umfangreiche Studie »Die globale Krise« (2009) sowie die Flugschrift »griechenland – was tun?« (2012).

karl heinz roth

griechenland am abgrund
die deutsche reparationsschuld

eine flugschrift

VSA: Verlag Hamburg

www.vsa-verlag.de

Lektorat: Angelika Ebbinghaus
(Stiftung für Sozialgeschichte des 20. Jahrhunderts)

Das Manuskript wurde am 20. März 2015 abgeschlossen.

 | Titelfoto: kallejipp/photocase.com
Druck- und Buchbindearbeiten: Beltz Bad Langensalza GmbH
ISBN 978-3-89965-664-0

Inhalt

Vorwort

Zweimal stand Griechenland in seiner jüngsten Geschichte am Abgrund: im Zweiten Weltkrieg und in der frühen Nachkriegszeit sowie seit der Weltwirtschaftskrise von 2008/09 und den bis heute andauernden Depressionsjahren. In beiden Fällen waren die Deutschen als zentrale Akteure beteiligt. Im April 1941 überfiel die deutsche Wehrmacht das Land und errichtete eine brutale Besatzungsherrschaft, während der Massaker an der Zivilbevölkerung verübt, die Wirtschaft ausgeraubt, die Lunte zu einem bis 1949 andauernden furchtbaren Bürgerkrieg gelegt und beim Rückzug im Herbst 1944 drei Viertel der Handelsflotte sowie 80% der Transportinfrastruktur zerstört wurden. Dagegen war die durch die aktuelle Weltwirtschaftskrise ausgelöste Katastrophe zunächst hausgemacht. Das änderte sich jedoch seit der Implementierung des Austeritätsprogramms der Troika aus Europäischer Zentralbank (EZB), EU-Kommission und Internationalem Währungsfonds (IWF) im Mai 2010. Nun begann eine neue Phase des von außen gesteuerten sozialen und wirtschaftlichen Niedergangs. Die Troika wird von der deutschen Hegemonialmacht dominiert und hat letztlich nur eine einzige Aufgabe: die breite Masse der griechischen Bevölkerung über den Staatshaushalt zur Bedienung der Darlehen der internationalen Gläubiger heranzuziehen. Da diesem durch nichts zu rechtfertigenden Ressourcenentzug keinerlei wirtschaftliche Stimulierungsprogramme gegenüberstehen, wurde die Krise zu einer Wirtschaftsdepression vertieft, die bis heute anhält.

Griechenland befindet sich inzwischen am Rand einer humanitären Katastrophe. Der Zusammenbruch der Banken und ein Staatsbankrott scheinen unmittelbar bevorzustehen, weil die von den Deutschen dominierten Gläubiger der Ende Januar 2015 neu gewählten Regierung den Geldhahn zugedreht haben. Die deutschen Eliten sind erneut dabei, die griechische Gesellschaft – diesmal mit Unterstützung ihrer europäischen Partner – auf den Abgrund zuzutreiben.

Diese Erpressungspolitik wird von den deutschen Medien fast uneingeschränkt mitgetragen und in der breiten Masse der Bevölkerung mit Hilfe sozialrassistischer Stereotype populär gemacht. Helfen da noch kritische Gegen-Information und Aufklärung? Die Lage scheint fast hoffnungslos zu sein. Aber inzwischen gibt es – wenn auch noch vereinzelt – so etwas wie ein erschrockenes Innehalten und erstes Nachdenken.

In der vorliegenden Studie analysiere ich in einem ersten Schwerpunkt den hoffnungsfrohen Aufbruch der neuen Regierung und ihr Scheitern am deutsch-europäischen Veto, das schon nach vier Wochen besiegelt war. Darauf folgen Vorschläge zu einer moralisch-politisch begründeten Alternative: Deutschland soll endlich seine Reparationsschulden begleichen und für den Wiederaufbau Griechenlands zur Verfügung stellen. Abschließend stelle ich einige Überlegungen vor, wie dieses Vorgehen auf andere betroffene Länder übertragen, zur Überwindung der von den deutschen Merkantilisten beherrschten Austeritätspolitik genutzt und in einen europäischen Demokratisierungsprozess integriert werden könnte. Im zweiten Schwerpunkt rekonstruiere ich sodann die Hypotheken der deutschen Besatzungsherrschaft aus dem Zweiten Weltkrieg – einschließlich der skandalösen Praktiken der westdeutschen Nachkriegseliten zur Vermeidung von Reparationszahlungen.

Die rasche Erstellung dieser Studie war nur mit Hilfe der Forschungsressourcen der Stiftung für Sozialgeschichte des 20. Jahrhunderts möglich. Ich danke Hartmut Rübner für die Beschaffung des noch fehlenden Archivmaterials. Bei Rolf Becker, Angelika Ebbinghaus, Hagen Fleischer, Sebastian Gerhardt, Zissis Papadimitriou und Winfried Wolf möchte ich mich für ihre hilfreichen Anregungen und kritischen Stellungnahmen bedanken – die Verantwortung für die politischen Vorschläge liegt jedoch selbstverständlich bei mir. Ich danke aber auch Gerd Siebecke und dem Team des VSA: Verlags: Sie haben keine Mühe gescheut, um diese Flugschrift so rasch wie möglich herauszubringen.

Bremen, im März 2015

Griechenlands Neustart – ein Vorschlag

Griechenland am Abgrund

Die griechische Volkswirtschaft ist bankrott. Sie ist im Anschluss an die Weltwirtschaftskrise von 2008/09 in eine schwere Depression geraten, die bis heute anhält. Die Wirtschaftsleistung ist um 28% zurückgegangen, der Kapitalstock ist um 12 bis 14% geschrumpft, und die Industrieproduktion sinkt bis in diese Tage kontinuierlich weiter. Die Arbeitslosenquote verharrt bei einem Prozentsatz von 26%, knapp über die Hälfte der Jugendlichen ist erwerbslos. Aus der wirtschaftlich aktiven Bevölkerungsgruppe haben mehr als 340.000 Menschen, darunter überwiegend hoch qualifizierte Jugendliche, ihrer Heimat den Rücken gekehrt. Die Reallöhne sind um 26% gefallen, die durchschnittlichen Haushaltseinkommen um fast ein Drittel zurückgegangen. Knapp 40% der griechischen Bevölkerung leben inzwischen unter der offiziellen Armutsgrenze, und die Zahl der Familien, die nicht mehr ihre elementaren Lebensbedürfnisse befriedigen können, ist auf 300.000 gestiegen. Die Verschuldung der öffentlichen Haushalte hat inzwischen mit 317 Milliarden Euro und einer Schuldenquote[1] von 176% einen noch nie dagewesenen Umfang erreicht. Aber auch die Privatverschuldung hat dramatische Dimensionen angenommen: Die Steuerrückstände der Unterklassen und Mittelschichten gegenüber dem Fiskus belaufen sich derzeit auf 76 Milliarden Euro, und die griechischen Geschäftsbanken haben inzwischen notleidende Kredite im Umfang von 78 Milliarden Euro in ihren Büchern. Dagegen haben sich ihre Einlagen um 100 Milliarden Euro verringert: Sie sind zwischen 2008 und 2012 von 240 Milliarden Euro auf einen Plafond von 160 Milliarden Euro

---

1 Relation der Staatsschulden zum jährlichen Bruttoinlandsprodukt (BIP).

zurückgegangen und haben seit der Jahreswende 2014/15 weitere 20 Milliarden Euro eingebüßt.[2]

Diese negativen Daten und Indikatoren lassen sich beliebig vermehren: Der Niedergang der griechischen Nationalökonomie scheint unaufhaltsam fortzuschreiten. Trotzdem verbreiten einige internationale Think Tanks und die europäischen Institutionen einen fatalen Zweckoptimismus.[3] Sie verweisen darauf, dass die griechischen Exporte seit 2013 wieder leicht anstiegen, dass die Wirtschaftsleistung und die Leistungsbilanz 2014 wieder ins Plus gedreht sind, und dass der Staatshaushalt erstmals wieder einen knappen Primärüberschuss[4] ausweist. Das alles ist zutreffend, wie beispielsweise die wöchentlich mitgeteilten statistischen Indikatoren des Magazins »The Economist« belegen.[5] Aber die Interpretation dieser vorübergehend ins Positive gedrehten Indikatoren lässt außer Betracht, dass sie auf einem

---

[2] Greece's Economy: Running on empty, in: The Economist, 7.-13.3.2015, S. 82f., Tabelle S. 63.

[3] Vgl. beispielsweise den vierten Bericht der EU-Kommission über das Griechenland auferlegte zweite Anpassungsprogramm: European Commission, The Second Economic Adjustment Programme for Greece. Fourth Review – April 2014. European Economy Occasional Papers 192/April 2014.

[4] Überschuss der Einnahmen gegenüber den Ausgaben vor Bedienung der Staatsschulden. Im Jahr 2014 erreichte der griechische Staatshaushalt einen Primärüberschuss im Umfang von 1,9 Milliarden Euro.

[5] So etwa die Daten für die Berichtswoche vom 28.2. bis 6.3.2015: BIP im 4. Quartal 2014 +1,5%, Leistungsbilanz im Dezember 2014 +2,3 Milliarden Euro/+1,4% des BIP, und Stabilisierung der zuletzt wieder extrem gestiegenen Zinssätze für privat gehandelte griechische Staatsanleihen von zehnjähriger Dauer bei 9,01%. Diesen Zahlen stehen aber nach wie vor gewichtige negative Grunddaten gegenüber: Der Rückgang der Industrieproduktion im Dezember 2014 um 3,9% und die Inflationsrate im Januar 2015 von -2,8%, die Erwerbslosigkeit im November 2014 25,8%, und der Stand des Budgetdefizits im Jahr 2014 von -4,2% des BIP. Economic and financial indicators, in: The Economist, 28.2.-6.3.2015, S. 80.

extrem niedrigen Krisensockel aufbauen, und dass sie einer seit 2009 anhaltenden Lohn- und Preisdeflation sowie dem Rückgang der Importe geschuldet sind. Die Wirtschaftsdepression ist lediglich in eine lang anhaltende Stagnation umgeschlagen, und ein Bankenkollaps scheint unmittelbar bevorzustehen. Die griechische Volkswirtschaft verfügt nicht über die erforderlichen Nachfrageimpulse, um die Talsohle überschreiten zu können.[6] Die griechische Volkswirtschaft ist nicht mehr in der Lage, sich aus eigener Kraft zu erholen und einen neuen Wachstumszyklus in Gang zu bringen.

Die Ursachen des Niedergangs

Die Gründe dafür sind vielfältig, aber es waren vor allem zwei Phänomene, die Griechenland noch stärker als die übrigen Defizitländer der Eurozone an den Rand des Abgrunds gebracht haben. Das erste Ursachenbündel war hausgemacht. Als Griechenland 1981 in die Europäische Gemeinschaft eintrat und 20 Jahre später in die Eurozone aufgenommen wurde, konnten die Wirtschaftseliten und die politische Klasse des Landes auf billige Kredite und auf eine harte Währung zurückgreifen.[7] Sie lancierten einen beispiellosen Wirtschaftsboom, der vor allem den heimischen Familiendynastien und den Großkonzernen der europäischen Kernzone zugutekam.[8] Dabei wurde die

---

[6] Dimitri B. Papadimitriou/Nicholas Nikiforos/Gennaro Zezza, Is Greece Heading for a Recovery? Levy Economics Institute of Bard College, Strategic Analysis, December 2014.

[7] Karl Heinz Roth, Griechenland: Was tun? 2. Aufl. Hamburg 2012, S. 6ff.; ergänzend die laufende Berichterstattung von Niels Kadritzke über die strukturellen Binnenursachen auf der Internet-Plattform »Nachdenkseiten«, 2010ff.

[8] In Deutschland waren dies insbesondere Siemens, Rheinmetall, die Deutsche Telekom, Ferrostaal-MAN und Krauss-Maffei Wegmann.

Hauptmasse der Investitionen nicht zur strukturellen Erneuerung der vor allem von kleinen und mittleren Unternehmen (KMU) geprägten griechischen Nationalökonomie genutzt. Stattdessen dominierten unsinnige Rüstungsprojekte und Waffengeschäfte, Investitionen in Mammutvorhaben des Autobahn-, Flughafen- und Brückenbaus sowie spekulative Großbauten und Infrastrukturinvestitionen zur Olympiade 2004.

Diese aberwitzige Fehlanlage der Milliardenkredite ging mit einer systematischen Korrumpierung der politischen Klasse einher, die aus den Revenuen der überteuerten Großprojekte geschmiert wurde.[9] Die politischen Eliten haben in den letzten Jahrzehnten ein weit in die Bevölkerung hinein reichendes Klientelsystem aufgebaut, das an den traditionellen Klientelstrukturen der post-osmanischen Gesellschaft anknüpfte und den ineffizienten öffentlichen Sektor noch weiter aufblähte.

Von diesen parasitären Tendenzen profitierten auch große Teile des Kleinbürgertums und der neuen Mittelschichten: Sie nutzten die billigen Kredite, die politische Patronage und den Boom der Baubranche, um ihr Haus- und Wohneigentum zu vergrößern und die von den Reichen seit langem praktizierten Techniken der Steuerhinterziehung zu imitieren.

Dieser weitgehend fehlinvestierte Kreditboom musste in wachsendem Ausmaß durch die Ausgabe von Staatsanleihen und anderen öffentlichen Schuldtiteln refinanziert werden. Da die Wettbewerbsfähigkeit der Gesamtwirtschaft aufgrund der Fehlallokation der Investitionen

---

[9] Dabei schlugen vor allem die Führungsetagen der deutschen Großkonzerne alle Rekorde. Erst kürzlich hat sich ein Siemens-Manager, der wegen des Aufbaus einer »schwarzen Kasse« zur systematischen Bestechung der griechischen Verhandlungspartner verurteilt worden war, getötet.

nicht zunahm, verlor Griechenland seine binneneuropäische Konkurrenzfähigkeit und lenkte seine Exporte in die Schwellenländer der Mittelmeerregion und des Nahen Ostens um. Die daraus gewonnenen Überschüsse reichten jedoch nicht zur Begrenzung der wachsenden Staatsschulden aus, zumal sich die Familiendynastien und multinationalen Konzerne, die die Außenwirtschaft und die Handelsflotte kontrollieren, ihrer Besteuerung entzogen. Die öffentliche Verschuldung erreichte bis 2008/09 dramatische Ausmaße.

Die Weltwirtschaftskrise brachte das Kartenhaus rasch zum Einsturz. Die im Herbst 2009 neu in die Regierung gewählte sozialistische Partei (Pasok) musste sich von den bislang geschönten Zahlen der Staatsverschuldung verabschieden und Farbe bekennen. Um die Jahreswende 2009/10 war klar, dass die griechische Nationalökonomie insolvent war, und damit übernahmen die externen Akteure des Krisendramas das Ruder. Die Refinanzierung durch die Kapitalmärkte war blockiert. Die Proklamation der Zahlungsunfähigkeit konnte nur noch durch die Aufnahme internationaler öffentlicher Hilfsgelder verhindert oder hinausgeschoben werden.

Im Mai 2010 begann die Ära der Troika-Memoranden. Griechenland geriet unter das Diktat von Kommissaren der Europäischen Zentralbank, der EU-Kommission und des Internationalen Währungsfonds. Als Gegenleistung für die Zusage von Hilfsdarlehen im Umfang von insgesamt 240 Milliarden Euro zwang die Troika den seitherigen griechischen Regierungen mehrere Austeritätsprogramme auf, die die Krise zur Depression vertieft und Griechenland in den letzten fünf Jahren an den Rand einer humanitären Katastrophe gebracht haben. Heute sind sich alle kritischen Experten in ihrem vernichtenden Urteil über die Folgen der Troika-Politik einig: Die hausgemachte Krise wurde mit Rezepten behandelt, die sie immens verschlimmert und eine Depressionsspirale in Gang gesetzt haben.[10]

Die Rezeptur der Troika war einfach. Ihre hauptsächlichen Komponenten liegen inzwischen klar zutage. Es ging den hinter den Expertenteams der Troika stehenden Machtgruppen erstens darum, die Zahlungsunfähigkeit der griechischen Nationalökonomie mindestens so lange hinauszuschieben, bis deren Hauptgläubiger, die europäischen Großbanken, ihre notleidenden Außenstände auf den öffentlichen Finanzsektor verlagert hatten; dies ist inzwischen in Gestalt des Euro-Rettungsschirms (EFSF) geschehen. Um diese Notoperation mit den mittelfristigen Interessen der in die Bresche gesprungenen europäischen und internationalen Gläubiger abzustimmen, mussten zweitens die zur Bankenrettung mobilisierten öffentlichen Darlehen mit Konditionen verknüpft werden, die der Bedienung der Schulden die oberste Priorität einräumten und die Rekapitalisierung des zusammengebrochenen griechischen Bankensektors ermöglichten.[11] Die Troika-Darlehen wurden deshalb drittens als Druckmittel genutzt, um aus der griechischen Volkswirtschaft die erforderlichen Revenuen zur Bedienung des nun einsetzenden Schuldendiensts herauszuziehen. Zu diesem Zweck wurden die öffentlichen Sozialleistungen weitgehend gestrichen und die Steuern erhöht. Hinzu kamen massive Lohnsenkungen, um die griechische Volkswirtschaft durch einen Prozess der »inneren Abwertung«[12] wieder international konkurrenzfähig

---

[10] Vgl. z.B. Paul Krugman, Ending Greece's nightmare, in: International New York Times (im Folgenden INYT), 27.1.2015, S. 7.

[11] Zeitweilig war auch der Ausgleich des griechischen Haushaltsdefizits erforderlich, aber dieser Zustand sollte so schnell wie möglich durch harte Einschnitte in das Budget überwunden werden.

[12] Als innere Abwertung wird eine makroökonomische Strategie bezeichnet, die – etwa beim Fehlen der Möglichkeit einer »äußeren Ab-

zu machen. Der Primärüberschuss im Staatshaushalt avancierte zur magischen Formel, die den uneingeschränkten Vorrang der Gläubigerinteressen absichert, während die Senkung der Lohnstückkosten der griechischen Nationalökonomie eine exportgetriebene Rückkehr zum Wachstum bescheren soll.

Heute, nach fünf Jahren, können wir die Resultate dieser unheilvollen Strategie besichtigen. Alle wesentlichen Indikatoren des griechischen Niedergangs – die Massenerwerbslosigkeit, der Rückgang der Haushaltseinkommen, die Schrumpfung des Bruttoinlandsprodukts und die zunehmende Erosion des Kapitalstocks – sind zu etwa einem Viertel auf die hausgemachten Krisenursachen zurückzuführen. Die übrigen drei Viertel sind dem im Mai 2010 installierten und bis heute fortgesetzten Austeritätsdiktat zuzuschreiben. Dazu hat es von Anfang an plausible und sehr wohl begründete wirtschafts- und finanzpolitische Alternativkonzepte gegeben. Sie blieben ungenutzt, obwohl der Fehlschlag der Troika-Konzeption längst offensichtlich war.[13]

---

wertung« der nationalen Währung durch die Zentralbank – durch die Senkung von Löhnen und Preisen eine Verbesserung der außenwirtschaftlichen Wettbewerbsfähigkeit anstrebt. Es handelt sich faktisch um ein Lohn- und Preisdumping, das zur Senkung der Exportpreise genutzt wird.

[13] So kann die inzwischen eingetretene bescheidene Erholung des griechischen Exportsektors keineswegs auf die massive Senkung der griechischen Lohnstückkosten zurückgeführt werden. Sie ist vielmehr labilen äußeren Faktoren wie dem starken Wachstum des Handelspartners Türkei oder der vorübergehenden Steigerung der Weltmarktpreise für Mineralölprodukte geschuldet, die sich jederzeit wieder verschlechtern können – wie dies bei dem im Sommer 2014 eingetretenen Rückgang der Weltmarktpreise für Erdöl und Erdölprodukte tatsächlich auch der Fall ist. Vgl. Dimitri B. Papadimitriou/Nicholas Nikiforos/Gennaro Zezza, Prospects and Policies for the Greek Economy. Levy Economics Institute of Bard College, Strategic Analysis, February 2014.

Die neue griechische Regierung – ihr Programm, ihr bisheriges Vorgehen und das deutsch-europäische Veto

Am 25. Januar 2015 sind die bisherigen politischen Erfüllungsgehilfen der Troika-Programme von der griechischen Bevölkerung abgewählt worden. Zwar verfehlte die Koalition der Linken (Syriza) die absolute Mehrheit der Parlamentssitze knapp, aber sie fand rasch einen kleinen Koalitionspartner aus dem rechtskonservativen Lager, der mit ihr in der Ablehnung des Austeritätsdiktats voll übereinstimmt. Schon zwei Tage nach der Wahl konnte der neue Ministerpräsident Alexis Tsipras sein Kabinett vorstellen und das Koalitionsprogramm präsentieren. Es besteht im Wesentlichen aus vier Eckpunkten:

- Erstens die Überwindung der Korruption und des Klientelismus mit dem Ziel eines effizienten Sozialstaats,
- zweitens die Durchführung eines Sofortprogramms zur Bekämpfung der sozialen Katastrophe,
- drittens die Initiierung eines öffentlichen Investitionsprogramms zur Schaffung von 300.000 Arbeitsplätzen auf Mindestlohnbasis
- und viertens die Einberufung einer europäischen Schuldenkonferenz mit dem Ziel einer weitreichenden Reduzierung der Staatsschulden.[14]

Der Militäretat blieb leider unerwähnt. Seit 1974 hält die Türkei den Nordteil Zyperns militärisch besetzt, und seither herrscht »Kalter Krieg« im östlichen Mittelmeer. Die griechischen Militär- und Rüstungsausgaben beanspruchen infolgedessen noch immer 5% des Bruttoinlandsprodukts. Würde die neue griechische Regierung eine Verständigungs-

---

[14] Greek leader gives quick signal of sharp shift, in: INYT, 28.1.2015, S. 1 und 3; Der Staat soll es richten. Syriza will die Austeritätspolitik beenden und die Wirtschaft neu ankurbeln, in: Neue Zürcher Zeitung (NZZ), Nr. 21 vom 27.1.2015, S. 8.

initiative starten und auf die Türkei zugehen, dann könnte dieser Haushaltsposten erheblich reduziert werden.

Dieses Programm hat der Spitzenrepräsentant der neuen Koalitionsregierung keineswegs aus dem Hut gezaubert. An seiner Erarbeitung hatten in den vergangenen Monaten zahlreiche Arbeitsgruppen und Expertenkommissionen mitgewirkt, die dabei auf gut durchdachte und in sich schlüssige Vorgaben aus dem post-keynesianischen Spektrum der Wirtschaftstheorie zurückgreifen konnten. Hierzu zählten vor allem die Studien und Analysen des 1986 gegründeten und im US-Bundesstaat New York ansässigen Levy Economics Institute, des führenden Think Tanks der Post-Keynesianer um Hyman P. Minsky und Joseph Stiglitz. Es hat einen eigenen makroökonomischen Griechenland-Panel eingerichtet und seit 2011 die verschiedensten Varianten einer alternativen Krisenüberwindung durchgespielt.[15]

Diesem Kreis der linken Post-Keynesianer ist auch der in das Kabinett kooptierte Wirtschaftswissenschaftler Yanis Varoufakis zuzurechnen. Die Arbeitsgruppe von Varoufakis hat sich vor allem mit Studien über die Wechselfälle des durch die USA gesteuerten globalen Überfluss-Recycling einen Namen gemacht.[16] Sie hat aber auch die durch den

[15] Vgl. die Plattform des Levy Economics Institute im Internet: www.levyinstitute.org. Dort befindet sich eine Liste der Arbeitspapiere und Veröffentlichungen. Vor allem in den Serien Working Papers, Public Policy Brief und Strategic Analysis wurden seit 2011 zahlreiche Untersuchungen veröffentlicht, die sich mit der Entwicklung in Griechenland beschäftigen und Alternativvorschläge zur Depressionsüberwindung durchspielen.

[16] Joseph Halevi/Yannis Varoufakis, The Global Minotaur, in: Monthly Review 55 (July-August 2003), S. 56-74; Dies., Questions and answers on the Global Minotaur, in: Monthly Review 55 (December 2003), S. 26-32; Yannis Varoufakis/Joseph Halevi/Nicolas Theocarakis, Modern Political Economics: Making sense of the post-2008 world, London 2008.

deutschen Merkantilismus dominierte europäische Austeritätspolitik kritisch durchleuchtet[17] und sich mit einem realpolitisch »bescheidenen Vorschlag« zur Lösung der Krise der Euro-Zone positioniert.[18]

Die neue griechische Regierung verfügt also über eine solide Beratungskompetenz, die sich dem post-keynesianischen Lager der Wirtschaftstheorie zuordnet und von international renommierten Ökonomen wie Paul Krugman und Joseph Stiglitz gestützt wird. Insofern handelt es sich bei der in Griechenland in Gang gekommenen Abkehr von den Doktrinen der Austeritätspolitik um ein Experiment, dessen Ausgang nicht nur die Zukunft Europas beeinflussen, sondern auch auf die gesamte Entwicklungsperspektive des Weltsystems ausstrahlen wird.

Die neue Regierung machte sich mit einem erstaunlichen Elan an die Arbeit. Innerhalb weniger Tage stellte sie unter Beweis, dass sie gewillt war, den Proklamationen Taten folgen zu lassen. Finanzminister Varoufakis gab der Troika den Laufpass und erklärte, dass man künftig nur noch mit den europäischen Spitzengremien – dem Rat der Staats- und Regierungschefs, den in der Eurogruppe zusammengeschlossenen Finanzministern der Eurozone, der Europäischen Zentralbank und der EU-Kommission – verhandeln werde. Der Energie- und Wiederaufbauminister Panagiotis Lafanzanis stoppte die laufenden Verhandlungen zur Privatisierung des Hafens von Piräus und des öffentlichen En-

---

[17] Vgl. Yanis Varoufakis, Der globale Minotaurus. Amerika und die Zukunft der Weltwirtschaft, München 2012, S. 96ff., 196ff., 206ff. 230ff.

[18] Yanis Varoufakis/Stuart Holland/James K. Galbraith, A Modest Proposal for Resolving the Eurozone Crisis, Version 4.0, July 2013 (auf der Homepage von Varoufakis abrufbar). Die Programmschrift ist inzwischen auch auf Deutsch erschienen: Dies., Bescheidener Vorschlag zur Lösung der Eurokrise, München 2015.

ergiesektors, und Tsipras bekräftigte die Forderung nach einem Schuldenschnitt. Dagegen stellte der deutsche Finanzminister Wolfgang Schäuble schon am 27. Januar bei einem Treffen der Eurogruppe klar, dass Deutschland hart bleiben, keinerlei Kompromisse eingehen und auf der weiteren Umsetzung des Troika-Programms bestehen werde.

Die griechische Regierung beantwortete diese Drohgeste umgehend mit einer diplomatischen Offensive. Tsipras und Varoufakis begannen Anfang Februar mit einer Goodwill-Tour, um bei den Regierungschefs der wichtigsten EU-Länder, dem Leiter der EZB und dem Präsidenten der EU-Kommission um Verständnis zu werben. Die Resultate waren überraschend mager. Der italienische Ministerpräsident Matteo Renzi und der französische Staatspräsident François Hollande zeigten Tsipras die kalte Schulter. Varoufakis ging es bei seinen Gesprächen mit den Finanzministern der Eurozone und mit Mario Draghi, dem Präsidenten der EZB, nicht besser. Als er und Tsipras abschließend nacheinander in Berlin Station machten, war klar, dass der unüberbrückbare Dissens nur noch durch Höflichkeitsfloskeln übertüncht werden konnte. Der einzige europäische Spitzenvertreter, der eine gewisse Kompromissbereitschaft signalisierte, war EU-Kommissionspräsident Jean-Claude Juncker: Er signalisierte, dass man Griechenland eventuell im Rahmen des im November 2014 aufgelegten bescheidenen Stimulierungsprogramms der Europäischen Investitionsbank (EIB) entgegenkommen könnte.[19]

---

[19] Im November 2014 beschloss die EU-Kommission, der EIB 21 Milliarden Euro zur Ankurbelung der stagnierenden europäischen Wirtschaft zur Verfügung zu stellen. Ausgehend von diesem Fonds sollten bis zu 60 Milliarden Euro zur Finanzierung von Investitions- und Infrastrukturprojekten zur Verfügung gestellt werden. Auf diese Weise erhofft sich die EU-Kommission einen Multiplikatoreffekt im Umfang von 315 Milliarden Euro (das entspricht noch nicht einmal einem Pro-

Parallel dazu gingen die europäischen Institutionen dazu über, der neuen griechischen Regierung die Daumenschrauben anzulegen. Auch dies kam überraschend, denn wenige Tage vor den griechischen Wahlen hatte EZB-Präsident Mario Draghi das seit langem erwartete Programm zum Aufkauf von europäischen Staatsanleihen und anderen Wertpapieren im Umfang von 60 Milliarden Euro verkündet, das im März 2015 beginnen und bis September 2016 durchgeführt werden soll; es sollen also öffentliche Obligationen und andere Wertpapiere mit einem Volumen von 1,1 Billionen Euro aufgekauft werden, um die Deflation zu bekämpfen und den europäischen Bankensektor zu einer verstärkten Kreditvergabe zu stimulieren. Wer nun geglaubt hatte, durch dieses Programm werde implizit auch eine politische Trendwende in Griechenland gefördert, sah sich beim Lesen des Kleingedruckten bitter enttäuscht: Es heißt dort zwar, dass auch die Staatsanleihen von Mitgliedsländern mit schlechtem Ranking aufgekauft würden, soweit sie Darlehen aus dem Europäischen Rettungsschirm beziehen; dieser Bezug werde aber solange ausgesetzt, wie diese sich in einem Troika-Überprüfungsverfahren befänden. Dabei handelte es sich um eine versteckte Ausschluss-Klausel gegenüber Griechenland, denn dort ist das letzte Überprüfungsverfahren seit September 2014 anhängig und mehr denn je umstritten.

Genau hier setzte der EZB-Rat auf seiner Sitzung am 4. Februar an und verstärkte die Schraubzwinge: Er verbot der Griechischen Zentralbank, zur Besicherung weiterer EZB-Kredite griechische Staatsanleihen mit kurzer Laufzeit (sogenannte T-Bills) und andere von der griechischen

---

zent des BIP der Europäischen Union. Das Vorhaben wurde in der Fachpresse durchgängig als viel zu bescheiden beurteilt, um sich positiv auf das Wirtschaftswachstum auszuwirken.

Regierung verbürgte Wertpapiere einzureichen. Auf diese Weise verlor die neue Regierung die letzte Möglichkeit zur Kreditbeschaffung von ihrer eigenen Zentralbank. Wenige Tage später trat dann auch die Eurogruppe in Aktion und entzog der griechischen Regierung den Zugriff auf die letzte noch ausstehende Kredittranche des Euro-Rettungsschirms (EFSF) im Umfang von 10,9 Milliarden Euro, die beim griechischen Pendant der EFSF, der Hellenic Financial Stability Facility (HFSF) zur Rekapitalisierung des griechischen Bankensektors deponiert war.

Durch diese Operationen wurde die griechische Regierung von ihren Refinanzierungskanälen abgeschnitten. Das hatte im Verein mit der kompromisslosen Zurückweisung des wirtschafts- und finanzpolitischen Kurswechsels der neuen Regierung zur Folge, dass die griechischen Sparerinnen und Sparer wieder verstärkt ihre Guthaben abhoben oder ins Ausland transferierten (seit Dezember 2014 etwa 20 Milliarden Euro). Infolgedessen gerieten die griechischen Geschäftsbanken erneut an das Gängelband der EZB, die ihnen jetzt nur noch Notfallkredite zur Überbrückung von Liquiditätsengpässen[20] zur Verfügung stellt. Zwar wurde die Obergrenze dieser Notfallkreditvergabe inzwischen auf Antrag der griechischen Regierung geringfügig erhöht,[21] aber die EZB-Bankenaufsicht kann jetzt dem griechischen Bankensektor jederzeit den Geldhahn mit dem Argument zudrehen, dass die griechischen Banken erneut – wie schon 2009/10 und wie der zypriotische Bankensektor zwei Jahre später – zahlungsunfähig geworden seien. Das aber wäre der Beginn des offenen Vollzugs des griechischen Staatsbankrotts.

[20] Emergency Liquidity Assistance (ELA-Kredite).

[21] Und zwar von 65 auf 68,5 Milliarden Euro.

Am 8. Februar 2015 begannen im griechischen Parlament die dreitägigen Verhandlungen über das Regierungsprogramm. In seiner Eröffnungsrede hielt Tsipras an den kurzfristigen Zielen des am 27. Januar verkündeten Maßnahmenkatalogs fest. Die etwa 300.000 in absolute Armut geratenen Familien sollen im Rahmen einer humanitären Soforthilfe kostenlos mit Unterkunft, Nahrung, elektrischem Strom und medizinischem Beistand versorgt werden. Zur Wiederherstellung der sozialen Würde sollen aber auch die schlimmsten Auswüchse des Sozialkahlschlags beseitigt werden. Dazu gehören die Wiederanhebung des Steuerfreibetrags der Familienhaushalte auf 12.000 Euro jährlich, die auf mehrere Etappen verteilte Anhebung des monatlichen Mindestlohns auf den Vorkrisenstand (751 Euro), und die Zahlung eines Weihnachtsgelds für die Bezieher von Kleinrenten unter 700 Euro monatlich. Die dafür erforderliche Gegenfinanzierung sollen die effizientere Besteuerung der Reichen und die seit langem überfällige Begleichung der deutschen Reparationsschulden erbringen, sodass die Stabilität der öffentlichen Haushalte gewährleistet bleibt.[22] Hinsichtlich der anstehenden Auseinandersetzung mit den internationalen Gläubigern blieb Tsipras dagegen vage. Er kündigte lediglich an, man werde sich bei ihnen um die Zustimmung zu einem Überbrückungsprogramm bemühen, um Zeit für die anstehenden Umschuldungsverhandlungen zu gewinnen, und lehnte eine Verlängerung des laufenden Troika-Programms ab.[23]

Unmittelbar nach der Bestätigung des Regierungsprogramms durch die Parlamentsmehrheit begannen die Ver-

[22] Heike Schröder, Reparationen gefordert. Alexis Tsipras stellte Regierungsprogramm vor: Kampf gegen Korruption und Steuerhinterziehung, in: junge Welt, 10.2.2015 (Internet-Version).

[23] Greek leader rejects idea of bailout extension, in: INYT, 9.2.2015, S. 13.

handlungen mit der Euro-Gruppe und deren Sprecher Jeroen Dijsselbloem.[24] Die erste Nachtsitzung vom 11. auf den 12. Februar endete mit einem Eklat und ohne Ergebnis. Beim anschließenden informellen Treffen der Staats- und Regierungschefs sagte Tsipras erstmalig »technische Gespräche« mit den Troika-Experten zu, die jetzt als Vertreter der »Institutionen« bezeichnet wurden; sie sollten die nächste Verhandlungsrunde der Euro-Gruppe vorbereiten. Auch bei diesem zweiten Treffen, das am 16. Februar stattfand, kam es zu keiner Einigung, weil Dijsselbloem ein schon weitgehend ausgehandeltes Kompromisspapier im letzten Augenblick durch einen neuen Forderungskatalog vom Tisch wischte.

Nun wurde es schwierig, denn die Zeit drängte: Die Abhebung der Guthaben von den griechischen Banken erreichte allmählich eine kritische Größe, und wenn bis Ende Februar keine Einigung gefunden wurde, drohten die letzte Kredittranche der EFSF und des Internationalen Währungsfonds sowie die Auszahlung der EZB-Gewinne aus dem früheren Aufkauf griechischer Staatsanleihen[25] im Umfang von insgesamt 7,1 Milliarden Euro zu verfallen. In dieser Situation wandte sich Finanzminister Varoufakis schriftlich an den Präsidenten der Euro-Gruppe und erklärte, Griechenland werde seine Verpflichtungen gegenüber den Gläubigern in vollem Umfang erfüllen und mit ihren »technischen Teams« – also den Experten der bisherigen Troika – zusammenarbeiten. Darüber hinaus ersuchte er um eine Verlängerung des laufenden Darlehensprogramms um weitere sechs Monate, um gemeinsam mit den europäischen und internationalen Partnern ein neues

[24] Vgl. zum Folgenden die laufende Berichterstattung in The Economist, der International New York Times und der Neuen Zürcher Zeitung, 11.2.-28.2.2915.

[25] So genannte SMP-Gewinne.

Konzept zur Erholung der griechischen Nationalökonomie erarbeiten zu können.[26]

Der deutsche Finanzminister Wolfgang Schäuble reagierte nach wenigen Stunden mit einer harschen Zurückweisung, obwohl sein Gegenspieler die uneingeschränkte Bedienung der Gläubigerinteressen zugesichert und implizit auch den Herauswurf der Troika widerrufen hatte. Unter diesen düsteren Vorzeichen fand am 20. Februar, einem Freitag, die dritte Verhandlungsrunde mit den Finanzministern der Eurozone statt. Varoufakis wurde zur Hinnahme eines Forderungskatalogs gezwungen, der die Handlungsmöglichkeiten der griechischen Regierung drastisch einengte.[27] In dem Memorandum hieß es, die griechischen Behörden müssten ihre finanziellen Verpflichtungen gegenüber allen Gläubigern uneingeschränkt bedienen, den dafür erforderlichen Primärüberschuss des Staatshaushalts durch die Umsetzung der im Troika-Memorandum vom November 2012 festgelegten Maßnahmen gewährleisten und sich aller Maßnahmen zur Zurücknahme sowie zu unilateralen Veränderungen enthalten, die negative Auswirkungen auf die von den »Institutionen« – der Troika – festgesetzten fiskal- und finanzpolitischen Ziele haben könnten.

Für die griechische Seite kam die Zustimmung zu diesem Diktat fast einer Kapitulation gleich. Da weiterer hinhaltender Widerstand zum Zusammenbruch des Bankensystems und damit zum Untergang aller Hoffnungen auf einen Bruch mit der Austeritätspolitik geführt hätte, gab

---

[26] Finanzminister Varoufakis an Dijsselboem, Athen, 18.2.2015 (auf mehreren Internet-Plattformen abrufbar, beispielsweise www.n-tv.de/wirtschaft/Das-schrieb-Varoufakis-an-Dijsselbloem-article14549241.html

[27] Eurogroup Statement on Greece, 20.2.2015. Auf zahlreichen Internet-Portalen abrufbar, beispielsweise www.keeptalkinggreece.com/2015/02/20/eurogroup-statement-on-greece-full-text/

sie nach, um erst einmal Zeit zu gewinnen. Am 22. Februar schickte Varoufakis an Dijsselbloem einen Aktionsplan, in dem er die Vorhaben seiner Regierung zur Überwindung von Korruption, Klientelismus und Steuerhinterziehung mit der Durchsetzung umfangreicher Strukturreformen im öffentlichen Sektor verband, die Bereitschaft zur Erzielung eines hinreichenden Primärüberschusses bekräftigte und sich bereit erklärte, den Privatisierungsstopp zu relativieren.[28]

Zusätzlich betonte er immer wieder die Bereitschaft zur Zusammenarbeit mit den »Institutionen«, erklärte aber auch, auf anderen Reformbaustellen wie der Arbeitsmarkt- und Wirtschaftspolitik mit anderen internationalen Institutionen, insbesondere dem International Labour Office (ILO) und der OECD, kooperieren zu wollen. Die Traktandenliste wurde einen Tag später von den Finanzministern der Euro-Gruppe angenommen. Sie beschlossen, das laufende Stützungsprogramm um weitere vier Monate zu verlängern. Die Auszahlung der letzten Kredittranche und der SMP-Gewinne wurde jedoch vom erfolgreichen Abschluss der bis Ende April terminierten laufenden Troika-Überprüfung abhängig gemacht.

Damit war die erste Verhandlungsrunde beendet. Die als Pressure Group aller Gläubiger agierende Eurogruppe hatte sich weitgehend durchgesetzt. Von den Absichtserklärungen der ersten zwei Wochen – Rauswurf der Troika, Stopp der Privatisierungen, Schuldenschnitt usw. – war nichts übrig geblieben. Gab es überhaupt noch Handlungsspielräume? Die Meinungen darüber waren – und sind es auch heute – geteilt. Einige Exponenten der Syriza wie etwa

[28] Finanzminister Varoufakis an Euro-Gruppenpräsident Dijsselbloem, Athen, 22.2.2015. Auf zahlreichen Internet-Portalen abrufbar, beispielsweise http://en.protothema.gr/yanis-varoufakis-denies-reports-of-fight-with-dijsselbloem/

Manolis Glessos kamen zum Schluss, die neue Regierung habe das Votum der Wähler verraten. Die von der Aufweichung des Anti-Privatisierungsprogramms betroffenen Minister erklärten, dass sie nicht mitmachen würden. Wenn Tsipras die Verhandlungsergebnisse dagegen als »Sieg« ausgab, wirkte er wenig überzeugend. Der Rückschlag war offenkundig.

Und dennoch gewinnen wir bei der genauen Lektüre des Varoufakis-Katalogs vom 22. Februar den Eindruck, dass tatsächlich noch gewisse Handlungsspielräume gewahrt blieben, denn die Zusage eines ausreichenden Primärüberschusses bedeutet noch nicht, die von der Troika für das Jahr 2015 vorgeschriebene Marge, die das soziale Sofortprogramm der Regierung unmöglich machen würde, auch einhalten zu wollen. Auf genau diese noch bestehenden Manövriermöglichkeiten hob Paul Krugman ab, als er der neuen Regierung attestierte, unter dem alternativlosen Druck eines Bankenzusammenbruchs doch noch etwas gewonnen zu haben – nämlich Zeit für die jetzt bevorstehenden entscheidenden Auseinandersetzungen.[29]

Hat Griechenland aber durch diesen als alternativlos eingeschätzten Rückzieher wirklich Zeit gewonnen? Ohne Zweifel hat sich die neue Regierung bis jetzt tapfer geschlagen, und es wäre beckmesserisch, sie für gescheitert zu erklären. Aber wer auf die nun anstehenden nächsten Verhandlungsrunden blickt, sollte dabei zwei zentrale Aspekte bedenken: Erstens die Tatsache, dass sich die von Wolfgang Schäuble angeführte Phalanx der Finanzminister der Eurozone als geschlossene Gruppe erwiesen hat, die kompromisslos agiert und alle entscheidenden Machtzentren der Europäischen Union – die EZB und den Rat der Staats- und Regierungschefs – hinter sich hat, wenn es darum geht, der

[29] Paul Krugman, What Greece won, in: INYT, 28.3./1.4.2015, S. 8.

griechischen Regierung das Messer auf die Brust zu setzen und abweichende Positionen wie diejenige der EU-Kommission zu neutralisieren. Dies verheißt nichts Gutes für die nahe Zukunft, und wir haben deshalb plausible Gründe, einen Blick auf die Instrumente der Erpressung zu werfen, die die Akteure der europäischen und internationalen Gläubiger neben dem jederzeit auslösbaren Kollaps der griechischen Banken im Köcher haben.

Das entscheidende zweite Erpressungsinstrument sind die fällig werdenden griechischen Zins- und Tilgungszahlungen. Noch im März 2015 sind Tilgungszahlungen an den IWF in Höhe von 1,6 Milliarden und Zinszahlungen an die EFSF im Umfang von 600 Millionen Euro fällig; gleichzeitig müssen kurzfristig laufende Staatsanleihen (Treasury-Bills) im Wert von 4 Milliarden Euro zurückgezahlt werden.[30] Wie sollen diese 7,1 Milliarden Euro mobilisiert werden, zumal im April weitere Zahlungen und Transaktionen von über 3 Milliarden Euro anstehen, auf die dann bis zum Jahresende weitere Rückerstattungen im Umfang von knapp 10 Milliarden Euro folgen werden – insgesamt also allein für 2015 ein Gesamtbetrag von 20 Milliarden Euro?

Wer diese Sachlage einigermaßen genau durchdenkt, kommt zum Ergebnis, dass dies nur möglich sein wird, wenn der bislang gefahrene Austeritätskurs nochmals radikalisiert und mit einem weiteren Troika-Darlehen kombiniert wird, durch welches die griechischen Unter- und Mittelklassen auch weiterhin zugunsten der Gläubiger bluten müssen. Das wäre das Ende der mit dem Aufstieg von Syriza verknüpften Hoffnungen: Wie die vorherigen Regierungen würde auch das Tsipras-Kabinett in die Situation

---

[30] Noch ein langer Weg für Griechenland. Fortgesetzte Liquiditätsprobleme und drohender Zahlungsausfall, in: NZZ, Nr. 51 vom 3.3.2015, S. 14.

des Hamsters im Laufrad geraten. Seine leitenden Funktionsträger kennen diese Perspektive genau, und deshalb sind sie wenige Tage nach der Unterzeichnung des Diktats der Euro-Gruppe wieder nach und nach zu den ursprünglichen Eckpunkten des Regierungsprogramms zurückgekehrt. Sie fordern erneut einen substanziellen Schuldenschnitt und die Anbindung des dann noch zu leistenden Schuldendiensts an das Wirtschaftswachstum.

Auch die Forderung nach einer Begleichung der deutschen Reparations- und Wiedergutmachungsschulden wurde bekräftigt: Am 11. März beschloss das griechische Parlament die Einsetzung eines parteiübergreifend zusammengesetzten Parlamentsausschusses, der bis Juni seinen Abschlussbericht vorlegen soll. Auch die Konfiskation öffentlicher deutscher Vermögenswerte wurde – wie schon vor 15 Jahren – ins Spiel gebracht.

Bis Mitte März hat sich die Entwicklung jedoch derart zugespitzt, dass die Regierung nach den letzten inneren Reserven – so etwa zur Beleihung der öffentlichen Unternehmen und möglicherweise auch der Sozialkassen – greifen muss, um ihren Zahlungsverpflichtungen nachzukommen.[31] Da sich die europäischen Institutionen selbst jetzt noch verweigern, wird sie wohl oder übel zu anderen Maßnahmen greifen müssen – zu Bankfeiertagen und anschließenden Kapitalverkehrskontrollen, zur Einführung einer Parallelwährung,[32] zur Darlehensaufnahme bei anderen

---

[31] Athens Staatsfinanzen ausser Kontrolle. Bedrohliche Ebbe in den öffentlichen Kassen – ein neues Hilfspaket im Juni scheint unumgänglich, in: NZZ Nr. 57 vom 10.3.2015, S. 8; EZB verliert Geduld mit Athen. Bankenkrise in Griechenland nicht allein geldpolitische Aufgabe, in: NZZ Nr. 58 vom 11.3.2015, S. 9.

[32] In mehreren Studien hat das Levy Economics Institute auch die Möglichkeit durchgespielt, dass die griechische Regierung vorübergehend parallel zu dem als Außenwährung beibehaltenen Euro eine Binnenwährung (»Geuro«) einführen könnte, um ein durch die griechi-

Großmächten oder aber auch zu einem Referendum und zu Neuwahlen.

Die Lage ist also unverändert ernst, es gibt keinerlei Zeitgewinn. Die europäischen Mächte haben sich ganz offensichtlich darauf verständigt, die im Fall Griechenland gestartete post-keynesianische Alternative abzuwürgen, den Hoffnungsträger Syriza vor seinen Wählern vorzuführen und der allgemeinen Lächerlichkeit preiszugeben. Die Motive der Akteure dazu sind unterschiedlich. Den deutschen Herrschaftseliten geht es darum, ihre führende Rolle in den EU-Gremien zu behaupten und den einseitigen, ohne jegliches Recycling betriebenen Transfer ihrer Kapital- und Warenüberschüsse in ihren europäischen Hinterhof fortsetzen zu können. Dabei haben sie zum einen die übrigen Überschussländer des europäischen Nordens im Schlepptau, halten die zwischen den Überschuss- und Defizitländern positionierte französische Konkurrenz in Schach und erfreuen sich der Treueschwüre ihrer kleineren und mittleren Verbündeten in Süd- und Osteuropa, deren konservative Regime im Fall eines auch nur bescheidenen Erfolgs des Syriza-Projekts mit ihrer Abwahl rechnen müssen. Gegen die Hybris und den Starrsinn dieser fatalen Bündniskonstellation helfen keine Argumente mehr. Ihre Macht muss gebrochen werden: Auf den Feldern der Wirtschaft, der Politik und der europäischen Kultur. Wie könnte ein solcher Prozess in Gang gebracht und der griechische Aufbruch vor dem Scheitern gerettet werden?

---

sche Zentralbank finanziertes Sofort- und Stimulierungsprogramm auf den Weg zu bringen. Inwieweit die neue Regierung bzw. Varoufakis einen solchen »Plan B« in der Schublade haben, wird sich möglicherweise sehr schnell zeigen.

Umrisse einer Schuldenregelung und eines Wiederaufbauprogramms

Bevor wir uns der Erörterung dieser Frage zuwenden, müssen wir zunächst einmal klären, was auf dem Terrain der Finanz-, Fiskal- und Wirtschaftspolitik geschehen müsste, um die sich abzeichnende griechische Katastrophe mitsamt ihren chaotischen Folgen für die Eurozone und die gesamte Europäische Union abzuwenden. Dabei können wir uns auf die oben erwähnten umfangreichen Vorarbeiten beziehen, die dem Syriza-Programm zugrunde liegen.

Der erste und dringlichste Traktandenpunkt ist zum gegenwärtigen Zeitpunkt die Verhinderung der Insolvenz Griechenlands durch ein Schuldenmoratorium, denn die kleine und durch die Depression um über ein Viertel geschrumpfte Wirtschaftsnation ist schlicht und ergreifend nicht mehr in der Lage, ihren Verpflichtungen gegenüber den Gläubigern nachzukommen. Die anstehenden Zins- und Tilgungszahlungen sollten sofort gestoppt werden, und zwar bis zum Beginn einer europäischen Schuldenkonferenz unter Einbeziehung des IWF und der privaten Gläubiger. Auf dieser Konferenz müssten sich die Gläubiger zu einer Lösung durchringen, die sich an den Zugeständnissen orientieren könnte, die die Westalliierten der Bundesrepublik Deutschland 1953 beim Abschluss des Londoner Schuldenabkommens gemacht hatten.

Mindestens die Hälfte der griechischen Staatsschuldenlast sollte komplett gestrichen werden, und zwar netto. Da bekannt ist, auf welche Gläubigergruppen sich die Schuldensumme von derzeit 317 Milliarden Euro verteilt, sollten der Euro-Rettungsschirm (EFSF) 71 Milliarden Euro, die privaten Gläubiger 35,5 Milliarden Euro, die Staaten der Eurozone 26,5 Milliarden Euro, die EZB 13,5 Milliarden Euro und der IWF 12 Milliarden Euro abschreiben – dies ergibt eine Gesamtsumme von 158,5 Milliarden Euro. Griechenland verbliebe dann ein weiter zu verzinsender und zu tilgender Betrag von 158,5 Milliarden Euro, und dies entspräche bei einem Bruttoinlandsprodukt von derzeit etwa 180 Milliarden Euro einer Schuldenquote von 88%. Die Bedienung dieser verbleibenden Hälfte sollte jedoch erst dann einsetzen, wenn die griechische Volkswirtschaft wieder das Bruttoinlandsprodukt und den Kapitalstock des letzten Vorkrisenjahrs erreicht hat. Darüber hinaus sollten die dann zu erbringenden Leistungen von der Entwicklung der jährlichen Wachstumsraten abhängig gemacht werden.[33]

Das zweite, unverzüglich anzugehende Problemfeld ist der Kampf gegen die humanitäre Katastrophe und die Zurücknahme der Troika-Diktate im sozial- und arbeitspolitischen Bereich. Entsprechend dem Programm der neuen griechischen Regierung sollte der Mindestlohn auf seinen Ausgangswert vor Krisenbeginn – 751 Euro monatlich – angehoben werden; auch die unter dem Troika-Diktat eingeführte Einheits-Immobiliensteuer sollte wieder abgeschafft werden. Da mit einer rasch einsetzenden partiellen Gegenfinanzierung durch die Anhebung der Steuerspitzensätze für Reiche und die Bekämpfung von Korruption und Klientelismus gerechnet werden kann, dürfte für dieses Sofortprogramm ein Finanzrahmen von 7 Milliarden Euro ausreichen.[34]

Diese ersten Maßnahmen können jedoch nur dann zu einer nachhaltigen Erholung beitragen, wenn drittens schon in den nächsten zwei bis drei Monaten ein Programm zur Schaffung von Arbeitsplätzen und zur Wiederherstellung

---

33 Zu diesem Zweck müssten die Anleihen in so genannte BIP-Obligationen umgewandelt werden.

34 Bei einer Überschreitung dieses Finanzrahmens könnte auch auf das Jobgarantie- und Wiederaufbauprogramm zurückgegriffen werden (dazu weiter unten).

des geschrumpften und qualitativ verschlechterten Kapitalstocks der griechischen Nationalökonomie aufgelegt wird. Das Levy Economics Institute hat verschiedene Varianten eines »Job Guarantee Program« durchgerechnet: Zwischen 200.000 und 500.000 Erwerbslose sollen auf Mindestlohnbasis eine zunächst auf drei Jahre befristete Anstellung in öffentlich finanzierten Projekten der wirtschaftlichen, sozialen, gesundheitspolitischen und kulturellen Infrastruktur finden.[35] Für den Fall einer gut durchdachten Allokation der Investitionen haben die Experten erhebliche Multiplikatoreffekte auf die Binnennachfrage und den privaten Wirtschaftssektor errechnet. Je nach dem Umfang müssten dafür drei Jahre lang netto zwischen 0,6% (200.000 Jobs) und 2,2%(550.000 Jobs) des Bruttoinlandsprodukts bereitgestellt werden. In absoluten Zahlen würde sich das Vorhaben somit innerhalb von drei Jahren auf minimal 3,6 Milliarden Euro und maximal 12,9 Milliarden Euro belaufen.[36] Bei der Umsetzung der maximalen Variante würden bei einer sofortigen Festlegung des Mindestlohns auf 751 Euro im Monat 64% der derzeit 1,2 Millionen Erwerbslosen wieder einen Arbeitsplatz erhalten.[37]

Der durch ein solches Projekt ausgelöste Stimulierungseffekt wäre zweifellos erheblich, er würde aber wahrscheinlich nicht zu einer Verstetigung des Erholungsprozesses ausreichen. Es wäre deshalb zu erwägen, das Vorhaben mit einem Wiederaufbauprogramm zu verbinden, das die durch die Krise und die Depression verursachten Schäden

[35] Rania Antonopoulos/Sofia Adam/Kijong Kim/Thomas Masterson/Dimitri B. Papadimitriou, After Austerity: Measuring the Impact of a Job Guarantee Policy for Greece, Levy Economics Institute of Bard College, Public Policy Brief No. 138/2014.

[36] Errechnet auf der Basis des griechischen Bruttoinlandsprodukts im Jahr 2012.

[37] Vgl. Antonopoulos u.a. (wie Fußnote 35), Tabelle 1, S. 8.

am Kapitalstock beseitigt. Zwar hat sich der griechische Dienstleistungssektor dank der Tourismusbranche in den vergangenen zwei Jahren deutlich erholt, aber der gewerblich-industrielle Sektor hat erheblich an Arbeitsproduktivität eingebüßt, weil die Maschinen und Anlagen seit über sechs Jahren nicht mehr repariert, ersetzt oder verbessert wurden. Hier könnte ein gezieltes Wiederaufbauprogramm Abhilfe schaffen, das sich auf die Rekapitalisierung und Innovation der Klein- und Mittelunternehmen, der binnenwirtschaftlichen Grundlage der griechischen Nationalökonomie, konzentriert.

Es könnte aber auch in den weltwirtschaftlich konkurrenzfähigen Branchen – Logistik, Mineralölverarbeitung, Aluminiumindustrie und Pharmasektor – einige neue Akzente setzen, um die Wertschöpfung zu vertiefen und auch hoch qualifizierte Arbeitsplätze neu einzurichten. Darüber hinaus könnte ein solches Wiederaufbauprogramm auch für strukturelle Reformen genutzt werden, indem der Stopp der Privatisierungen als Ausgangspunkt für die Erweiterung bzw. den Aufbau des öffentlichen Wirtschaftssektors (»capital budget«) genutzt wird. Für dieses Wiederaufbauprogramm wären zusätzliche 12,1 Milliarden Euro zu veranschlagen, sodass für das gesamte Wiederaufbauprogramm insgesamt 25,0 Milliarden Euro bereitgestellt werden sollten.

Deutsche Reparationsleistungen für das griechische Sofort- und Wiederaufbauprogramm

In seiner Regierungserklärung hat Ministerpräsident Alexis Tsipras gefordert, die seit dem Ende des Zweiten Weltkriegs bestehende deutsche Reparationsschuld gegenüber Griechenland zur Finanzierung der bevorstehenden Sofort- und Wiederaufbaumaßnahmen heranzuziehen, und auch der inzwischen zum Staatspräsidenten gewählte Jurist Prokopis Pavlopoulos hat in den vergangenen Monaten eindringlich auf diese moralisch-politische Hypothek in den deutsch-griechischen Beziehungen hingewiesen.[38]

Tatsächlich haben die Deutschen Griechenland nach dem Überfall der Wehrmacht im April 1941 und nach der Etablierung ihres bis zum Herbst 1944 aufrecht erhaltenen Besatzungsregimes systematisch geplündert, durch extrem hohe Besatzungskosten in die Hyperinflation getrieben und eine Hungerkatastrophe ausgelöst, der im Winter 1941/42 100.000 Menschen zum Opfer gefallen sind. Sie haben im Rahmen der Partisanenbekämpfung furchtbare Massaker an der Zivilbevölkerung verübt, mindestens 400.000 Einwohner obdachlos gemacht und die wirtschaftliche Infrastruktur des Landes bei ihrem Rückzug weitgehend zerstört.[39]

Deshalb wurden Griechenland im Januar 1946 im Rahmen der auf die westliche Hemisphäre begrenzten Interalliierten Reparationsverhandlungen Reparationsleistungen im Umfang von 7,1 Milliarden Dollar (mit Preisstand 1938) zugesprochen. Die westlichen Besatzungszonen bzw. später die BRD haben davon jedoch nur einen Bruchteil erstattet. Zwar wurde die Reparationsfrage beim Londoner Schuldenabkommen von 1953 zurückgestellt und auf den

---

[38] Harte Antwort von Prokopis Pavlopoulos an Herrn Schäuble zum Besatzungszwangskredit, in: Ta Nea vom 14.1.2015 (die von Christoph Schminck-Gustavus besorgte Übersetzung befindet sich auf der Homepage von www.bv-opfer-ns-militaerjustiz.de).

[39] Vgl. hierzu den zweiten Schwerpunkt dieser Studie; ergänzend Hagen Fleischer/Despina Konstantinakou, Ad calendas graecas? Griechenland und die deutsche Wiedergutmachung, in: Hans Günter Hockerts u.a. (Hrsg.), Grenzen der Wiedergutmachung. Die Entschädigung für NS-Verfolgte in West- und Osteuropa 1945-2000, Göttingen 2006, S. 375-457.

im Fall einer deutsch-deutschen Wiedervereinigung fällig werdenden Friedensvertrag vertagt, aber auch der im Jahr 1990 geschlossene Zwei-plus-Vier-Vertrag, ein De-facto-Friedensvertrag, hat dieses Problemfeld erneut umgangen. Die griechischen Forderungen sind somit genauso wie die Restforderungen einiger anderer kleiner Siegermächte unerledigt und haben bis heute den Charakter eines völkerrechtlich verbrieften Zahlungsanspruchs.

Im Jahr 2001 hat die griechische Regierung diese Ansprüche auf die Begleichung der deutschen Reichsschuld gegenüber Griechenland zurückgeschraubt und auf die Erstattung der materiellen Schäden an Leben, Gütern und Infrastruktur verzichtet. Ausgehend von einem Schlussbericht deutscher Finanzexperten vom April 1945 hat sie die schwebende deutsche Reichsschuld gegenüber Griechenland auf 476 Millionen Reichsmark taxiert[40] und auf den heutigen Preisstand hochgerechnet. Auch die neue Regierung hat sich die Ergebnisse der Untersuchungskommission neu zu eigen gemacht und unter Berücksichtigung der ausstehenden üblichen Zinszahlungen die deutsche Regierung zur Zahlung von 11 Milliarden Euro aufgefordert.

Das Anliegen der griechischen Seite ist ohne Wenn und Aber berechtigt, und es ist zweifellos legitim, in einer derart zugespitzten Krisensituation darauf zurückzukommen, zumal die deutsche Regierung und die hinter ihr stehenden Machtgruppen nicht die geringste Bereitschaft zeigen, die sich erneut in Griechenland abzeichnende humanitäre

40 Oberregierungsrat Dr. S. Nestler, Das Finanzwesen einschließlich der Besatzungskosten in Griechenland während der deutschen Besatzungszeit 1941-1944 (Beilage zu einem Schreiben des Reichsbankdirektors Paul Hahns an den Präsidenten der Deutschen Reichsbank, 12.4.1945). Politisches Archiv des Auswärtigen Amts, R 27320, fol. 70-225, hier fol. 114.

Katastrophe zur Kenntnis zu nehmen und ihren unnachgiebigen Gläubigerstandpunkt zu zügeln.

Dessen ungeachtet halte ich es jedoch für problematisch, die Reparationsfrage auf die schwebende deutsche Reichsschuld – und damit auf rein geld- und währungspolitische Aspekte – zu reduzieren. Meines Erachtens sprechen ethische Erwägungen dagegen, die ungeheuren humanitären Verbrechen und die Zerstörung von Behausungen, Handelsflotte und Infrastruktur sowie die Plünderung von Wirtschaftsgütern auszuklammern. Aber auch das Argument, mit einem realpolitisch begrenzten Anspruch mehr Erfolg zu haben, finde ich wenig überzeugend: Die deutschen Machteliten werden sich gegen jegliche – reduzierte oder umfassende – Reparationsvariante zur Wehr setzen, solange sie nicht durch massiven öffentlichen, medialen und internationalen Druck zu einem Einlenken gezwungen werden. Die offene deutsche Reichsschuld sollte deshalb nicht separiert, sondern als Bestandteil des gesamten Reparationspakets geltend gemacht werden.

Nach einem intensiven Quellen- und Materialstudium bin ich zum Ergebnis gekommen, dass die auf der Pariser Reparationskonferenz im Januar 1946 Griechenland zugesprochene Reparationssumme im Umfang von 7,1 Milliarden US-Dollar einen validen und unanfechtbaren Ausgangspunkt darstellt. Unter Berücksichtigung des seit 1938 eingetretenen Kaufkraftschwunds des US-Dollars und nach Abzug der von den Westzonen bzw. der BRD geleisteten kleineren Reparationszahlungen kam ich – unter bewusstem Verzicht auf die Einbeziehung der Zinsen – auf einen Betrag von 78,844 Milliarden Euro (Wechselkurs des Euro zum US-Dollar im Jahr 2010).[41] Seither hat der Euro gegen-

[41] Vgl. die Angaben zur Berechnungsmethode und die einzelnen Berechnungsschritte im zweiten Teil dieser Flugschrift.

über dem US-Dollar erheblich an Wert eingebüßt, sodass die in der europäischen Einheitswährung an Griechenland zu erstattende Reparationsschuld inzwischen deutlich höher ausfällt. Da sich der Abwertungstrend des Euro aufgrund des gerade angelaufenen EZB-Programms zum Aufkauf europäischer Staatsanleihen weiter fortsetzen wird, ist infolgedessen auf absehbare Zeit mit einem griechischen Reparationsanspruch von mindestens 90 Milliarden Euro zu rechnen.[42]

Damit sind die Voraussetzungen geschaffen, um die Reparationsfrage mit den Überlegungen zur Rettung und zum Wiederaufbau der griechischen Nationalökonomie verknüpfen zu können. Dabei schlage ich aus verschiedenen Gründen vor, auf die Goldreserven der Deutschen Bundesbank zurückzugreifen. Erstens ist die Deutsche Bundesbank die Rechtsnachfolgerin der Deutschen Reichsbank, die gegenüber Griechenland nicht nur immense Schulden aufgehäuft, sondern auch durch die gezielte Manipulation der Drachme und die Einführung der so genannten Reichskreditkassenscheine – einer Parallelwährung der Besatzungsmacht zur griechischen Drachme – die entscheidenden geld- und währungspolitischen Instrumente zur Ausplünderung Griechenlands bereitgestellt hat; außerdem war sie auch für die griechische Hyperinflation und somit mittelbar für den Hungertod von über 100.000 Menschen verantwortlich.

Hinzu kommt zweitens, dass die Goldreserven der Bundesbank problemlos mobilisiert und monetarisiert wer-

---

[42] Die Wechselkursrelation des US-Dollars zum Euro war am 12. März 2015 mit 1 zu 0,9422 notiert. An diesem Tag betrug die deutsche Reparationsschuld Griechenland gegenüber deshalb 98,503 Milliarden Euro. Wegen der jederzeit möglichen Wechselkursschwankungen sollten wir uns jedoch auf eine Richtzahl von 90 Milliarden Euro verständigen.

den können, ohne die deutschen Steuerzahler auch nur mit einem einzigen Euro zu belasten. Drittens sind die deutschen Goldreserven mit einem Gegenwert von derzeit über 140 Milliarden Euro maßlos aufgebläht, es handelt sich – nach den USA – um die zweitgrößten Goldreserven, die eine Zentralbank weltweit in ihrem Portefeuille hat.[43] Das aber ist kein Zufall: Der »Juliusturm« der deutschen Zentralbank ist das Produkt einer seit Jahrzehnten verfolgten merkantilistischen Politik des Export-Dumping zulasten der übrigen europäischen Partner. Die in ihm aufgehäuften Goldvorräte fungieren zusammen mit den ebenfalls erheblichen Devisenreserven als letztes Faustpfand der deutschen Herrschaftseliten, um sich im Fall einer Schwächung ihrer dominanten Position aus der europäischen Einheitswährung herausziehen und zusammen mit den übrigen mittel- und nordeuropäischen Überschussländern einen »Nord-Euro« kreieren zu können.[44]

Aus diesen Gründen erscheint es mir sinnvoll, zur Begleichung der deutschen Reparationsschulden gegenüber Griechenland in erster Linie auf die Goldreserven der Deutschen Bundesbank zurückzugreifen. Der erste Goldtransfer sollte direkt von Zentralbank zu Zentralbank in einem sol-

---

[43] Zusätzlich zu diesen Goldreserven verfügt die Deutsche Bundesbank noch über Devisenreserven im Volumen von etwa 50 Milliarden Euro.

[44] An derartigen Plänen wird seit 2012 intensiv gearbeitet, nachdem die Deutschen ihre Vormachtstellung innerhalb der EZB ein Stück weit eingebüßt hatten. Erst kürzlich hat Thomas Mayer, ein einflussreicher Senior Fellow des der Deutschen Bundesbank nahestehenden Center for Financial Studies der Universität Frankfurt a.M., diese Option öffentlich als ultima ratio für den Fall ins Spiel gebracht, dass Deutschland im Kontext der Griechenland-Krise seine beherrschende Position innerhalb der EU verlieren sollte. Vgl. Thomas Mayer, Griechen-Schock: Bleibt den Deutschen am Ende nichts anderes übrig, als den Euro zu verlassen? In: Frankfurter Allgemeine Sonntagszeitung, Nr. 6 vom 8.2.2015.

chen Umfang erfolgen, dass die griechische Zentralbank ihrer Regierung die Mittel zur Finanzierung ihres Sofortprogramms im Umfang von 7 Milliarden Euro zur Verfügung stellen kann. Dagegen sollte die zweite Lieferung im Gegenwert von 28 Milliarden Euro an die Adresse des Euro-Rettungsschirms gehen, der damit die Hälfte des bei einem Schuldenschnitt anfallenden deutschen Anteils im Umfang von 56 Milliarden Euro abdecken kann.[45] Drittens sollten an die Europäische Investitionsbank (EIB) Goldbarren im Gegenwert von 25 Milliarden Euro abgegeben werden, die dann als zinslose und nicht rückzahlbare Darlehen an eine neu zu gründende griechische Kreditanstalt für Wiederaufbau zur Realisierung des Jobgarantie- und Wiederaufbauprogramms eingesetzt werden könnten. Viertens und letztens sollte die Bundesbank Goldvorräte im Gegenwert von 8 Milliarden Euro verkaufen und den Erlös an einen neu zu gründenden griechischen Entschädigungs- und Gedenkfonds überweisen. Der Entschädigungs- und Gedenkfonds könnte mit diesem Betrag einen Sozialfonds zur Entschädigung der Nachkommen der Massaker- und Geiselmordopfer einrichten, für die Renovierung der lokalen Gedenkstätten Sorge tragen und ein zentrales Forschungsinstitut zur Geschichte der Okkupation, des Widerstands und des Bürgerkriegs aufbauen.

Somit würden bei einer Umsetzung dieses Vorschlags drei Viertel der deutschen Reparationsschuld – 68 Milliarden Euro – zum Wiederaufbau der griechischen Nationalökonomie und für Entschädigungsleistungen bereitgestellt.

---

[45] Da es zusätzlich zum EFSF-Depot auch deutsche Anteile bei den Darlehen der EZB und der EU-Kommission gibt, müsste die EFSF-Verwaltung die dabei anfallenden Beträge an diese Institutionen weiterverteilen.

Die Ausweitung des Programms auf weitere Länder mit Reparationsansprüchen

Eine derartige Verknüpfung der deutschen Reparations- und Entschädigungsleistungen mit den aktuellen Erfordernissen des Wiederaufbaus der griechischen Nationalökonomie sollte jedoch noch nicht das letzte Wort sein. Denn es gibt erstens noch weitere Reparationsgläubiger, denen gegenüber Deutschland in der Kreide steht. Und zweitens handelt es sich bei dem bis jetzt skizzierten Vorschlag um eine einmalige Aktion, die erst noch in die wirtschafts- und finanzpolitische Dynamik der Eurozone und der gesamten Europäischen Union integriert werden muss.

Zunächst zur Ausweitung der Reparationsfrage auf die übrigen europäischen Länder, die von den Deutschen während des Zweiten Weltkriegs okkupiert worden waren. Auf der Pariser Reparationskonferenz von Ende 1945/Anfang 1946 wurden die »kleinen Alliierten« der westlichen Hemisphäre – neben Griechenland vor allem Jugoslawien, die Tschechoslowakei und Italien (seit Herbst 1943), aber auch Dänemark, Belgien und die Niederlande, um nur die wichtigsten Fälle zu nennen[46] – gegenüber den angelsächsischen Großmächten extrem benachteiligt. Das war skandalös, denn in allen diesen Ländern hatten die deutschen Okkupanten Massaker verübt, Ressourcen geplündert und die wirtschaftliche Infrastruktur geschädigt, und das waren Phänomene, vor denen beispielsweise die USA und die ebenfalls an den Reparationsverhandlungen teilnehmenden Britischen Dominions verschont geblieben waren. Mit den meisten dieser »kleinen« alliierten Siegermächte schloss die

[46] Den derzeit besten Überblick über die Gesamtlage bietet Hans Günter Hockerts/Claudia Moisel/Tobias Winstel (Hrsg.), Grenzen der Wiedergutmachung. Die Entschädigung für NS-Verfolgte in West- und Osteuropa 1945-2000, Göttingen 2006.

Bundesrepublik zu Beginn der 1960er Jahre so genannte Globalabkommen ab, die zwar teilweise erheblich über die Griechenland zugestandenen Zahlungen hinausgingen, aber die Reparationsleistungen auf die Entschädigung rassisch und politisch Verfolgter begrenzten. Die Globalabkommen wurden deshalb auch von den betroffenen Ländern nicht als das letzte Wort angesehen.

Bei der Wiederaufnahme der Reparationsdebatte sollten deshalb die Proportionen gewahrt werden, auch wenn die Deutschen innerhalb ihrer west-, nord- und südosteuropäischen Besatzungssphäre in Griechenland (und Jugoslawien) die schrecklichsten Verheerungen angerichtet haben. Jetzt würde sich die Gelegenheit bieten, um durch deutsche Reparationsleistungen endlich einen Schlussstrich unter die Hypotheken des Zweiten Weltkriegs zu ziehen. Es würde sich deshalb empfehlen, dass Griechenland von den ihm zustehenden Reparationsleistungen etwa ein Viertel – 22 Milliarden Euro – zugunsten der anderen »kleinen Westallliierten« freistellt. Wenn auch die Deutsche Bundesbank weitere Goldreserven im Gegenwert von 28 Milliarden Euro in einen neu zu bildenden europäischen Reparations- und Entschädigungsfondsfonds zuschießt, wäre ein Grundstock geschaffen, um eine abschließende Reparationskonferenz einzuberufen, die den Zwei-plus-Vier-Vertrag vervollständigt und eine abschließende Reparations- und Entschädigungsakte verabschiedet.

Was aber soll mit den Ländern Osteuropas geschehen, die sich bis 1989/90 im sowjetischen Einflussbereich befanden und von der Reparationspolitik der UdSSR abhängig waren? In Polen und der Sowjetunion hatten die Deutschen im Gegensatz zu den übrigen Besatzungsgebieten eine systematisch geplante Völkermordstrategie umgesetzt (»Generalplan Ost«) und den Massenmord an den europäischen Juden begangen. Sie haben die menschlichen und ökonomischen Ressourcen ohne die Zwischenschaltung von Kollaborationsregimes hemmungslos ausgebeutet. An diese Dimensionen reichten nicht einmal die in Griechenland und Jugoslawien praktizierten Extremfälle der deutschen Besatzungspolitik in der westlichen Hemisphäre heran.

Im Potsdamer Abkommen wurden deshalb der Sowjetunion und Polen eine eigenständige und separat durchgeführte Reparationspolitik gegenüber der Sowjetischen Besatzungszone zugestanden, die sich seit 1949 auf die DDR erstreckte. Die Sowjetische Militäradministration überließ Polen einen Teil der laufenden Bezüge an Reparationsleistungen und verzichtete – offensichtlich nur teilweise – auf die Konfiskation jener beweglichen und immobilen Güter, die dem Land bei der Rückgabe und Erweiterung seiner westlichen Provinzen bis zur Oder-Neiße-Linie zufielen.[47] Da zudem die Deutschen aus diesen Gebieten vertrieben wurden, konnten die durch die deutsche Besatzungsherrschaft besonders geschädigten Überlebenden – den Vorschlägen einer Expertenkommission folgend – in den erweiterten polnischen Westprovinzen und in der früheren Freien Stadt Danzig angesiedelt werden.

Im August 1953 erklärten die Sowjetunion und anschließend auch die polnische Regierung ihre gegenüber der DDR betriebene Reparationspolitik für beendet. Bis zu diesem Zeitpunkt waren Produktionsanlagen, Güter und Dienstleistungen im Wert von zwischen 12 und 14 Milliarden US-Dollar entnommen worden.[48] Das war ein vergleichsweise ansehnlicher Betrag, von dem jedoch nur zwischen 10 und

[47] Vgl. zu weiteren Einzelheiten Krzysztof Ruchniewicz, Deutschland und das Problem der Nachkriegsentschädigungen für Polen, in: Hockerts u.a. (Hrsg.), Grenzen der Wiedergutmachung, S. 667-739.

[48] Rainer Karlsch schätzt den Umfang der Reparationsleistungen auf etwa 14 Milliarden US-Dollar. Vgl. Rainer Karlsch, Allein bezahlt? Die Reparationsleistungen der SBZ/DDR 1845-53, Berlin 1993.

15% an Polen weitergereicht wurden, die allerdings mit dem Zuwachs der bei der Erweiterung der Westprovinzen erworbenen Ressourcen berücksichtigt werden müssen.[49] Das Problem war jedoch, dass die Zigtausenden von Menschen zugefügten Dauerschäden fast völlig aus der Reparationspraxis ausgeklammert wurden.[50]

Diese eklatante Verletzung der Entschädigungsansprüche der Überlebenden entwickelte sich zu einem Dauerthema, über das vor allem seit Beginn der westdeutschen »Neuen Ostpolitik« diskutiert wurde. Insofern sah sich nun auch die BRD in der Pflicht und erbrachte seit den 1970er Jahren individuell bezogene Entschädigungsleistungen, von denen jedoch bis heute die in den okkupierten Gebieten ausgebeuteten Menschen genauso wie die zur Zwangsarbeit in der deutschen Rüstungsindustrie gepressten sowjetischen Kriegsgefangenen ausgeklammert blieben.

Im Gegensatz zu den »kleinen Alliierten« können die von den Deutschen ehemals okkupierten osteuropäischen Länder wohl keine völkerrechtlich verbrieften Reparationen mehr fordern, weil das Potsdamer Abkommen sie separierte und die UdSSR und Polen 1953 die Reparationspolitik offiziell beendeten. Diese Einschätzung ist jedoch umstritten und müsste zu Beginn der Verhandlungen um eine abschließende Reparationsakte geklärt werden.[51]

Wer eine mögliche abschließende Lösung der Reparationsfrage vorausdenkt, muss sich somit auf Themenfelder

---

49 Dabei muss jedoch bedacht werden, dass die Sowjets offensichtlich ihrerseits aus den von den Deutschen annektiert gewesenen Westprovinzen Reparationsgüter entnommen bzw. demontiert haben – insbesondere Kohlelieferungen und Benzinhydrierwerke.

50 Die wichtigste Ausnahme bildeten – wie schon ausgeführt – die Neuansiedlungen in den territorial erweiterten Westprovinzen.

51 Hier geht es vor allem um osteuropäische Länder wie etwa die Tschechoslowakei, die erst 1948 in den sowjetischen Einflussbereich geriet und bei den Reparationen weitgehend leer ausging.

einlassen, die überaus komplex und seit Jahrzehnten heftig umstritten sind. Trotzdem sollten wir uns nicht abschrecken lassen und ausgehend von den wieder virulent gewordenen griechischen Reparationsforderungen eine abschließende Regelung vorschlagen. Dazu könnte – wie schon oben angedeutet – die Einrichtung eines Europäischen Reparations- und Entschädigungsfonds (EREF) dienen, in den als Starthilfe deutsche Goldreserven im Gegenwert von 50 Milliarden Euro eingebracht werden.[52]

Zu dieser Starthilfe könnten die deutschen Großunternehmen und Wirtschaftsverbände, die von der Okkupationspolitik in besonderem Ausmaß profitiert hatten, weitere 25 Milliarden Euro einbringen, welche ausschließlich zur Kompensation der bei der Zwangsarbeiterentschädigung in den Jahren 2000/2001 leer ausgegangenen Gruppen – Zwangsarbeiterinnen und Zwangsarbeiter in den besetzten Gebieten und zur Zwangsarbeit in der deutschen Rüstungsindustrie gepresste sowjetische Kriegsgefangene – genutzt werden sollten.[53]

Nach der Gründung des Reparations- und Entschädigungsfonds sollte eine abschließende Reparationskonferenz einberufen werden, um den Zwei-plus-Vier-Vertrag durch eine abschließende Reparations- und Entschädigungsakte zu vervollständigen. Zur Befriedigung aller noch offenen Ansprüche müssten ergänzend zum schon bestehenden Grundstock von 75 Milliarden Euro wahrscheinlich weitere 200 Milliarden Euro aufgebracht werden. Das ist ein erheblicher Betrag, er beläuft sich gleichwohl nur auf 6,9%

---

[52] Nämlich 22 bzw. 28 Milliarden Euro (siehe oben).

[53] Von den ehemals etwa 36 Millionen Zwangsarbeitern der besetzten Gebiete und den sowjetischen Kriegsgefangenen sind derzeit noch etwa 5% – 1,8 Millionen Menschen – am Leben. Eventuelle Überschussbeträge könnten an die verarmten Familien dieser Zwangsarbeitergruppen verteilt werden.

des deutschen Bruttoinlandsprodukts im Jahr 2014 (2,904 Billionen Euro). Wenn wir zusätzlich bedenken, dass nach dem DDR-Anschluss bis zum Jahr 2003 Transferleistungen im Umfang von umgerechnet 1,2 Billionen Euro zur sozialen und ökonomischen Integration der »neuen Bundesländer« aufgebracht wurden, dann relativiert sich dieser zunächst Angst einflößende Betrag nochmals. Niemand würde bei einer Verteilung der Mittelaufbringung auf eine Zeitspanne von 10 bis 15 Jahre ernsthaft belastet.[54] Es handelt sich in erster Linie um ein Problem der politischen Moral – also der Bereitschaft, die »Vergangenheitsbewältigung« der letzten Jahrzehnte endlich auch mit einer glaubwürdigen materiellen Grundlage auszustatten.

Das griechische Reparations- und Wiederaufbauprogramm in einer gesamteuropäischen Perspektive

Parallel zu einer solchen Reparationsakte müssten auch die merkantilistische Vormachtstellung der deutschen Machteliten innerhalb der Eurozone und der Europäischen Union überwunden und die durch sie extrem zugespitzten Ungleichgewichte zwischen den Überschussländern der Kernzone und den Defizitländern der Peripherie ausgeglichen werden. Die dafür erforderlichen Maßnahmen sind in den vergangenen Jahren vor allem von post-keynesianischen Wirtschaftstheoretikern durchdacht und vorgeplant worden. Ihre Anwendung und Wirkungsweise wäre einfach und effizient, jedoch steht ihrer Umsetzung die von den

[54] Zur Aufbringung der abschließenden Reparations- und Entschädigungsleistungen bräuchte beispielsweise lediglich der »Solidaritätszuschlag« zum »Aufbau Ost« innerhalb der nächsten zehn Jahre zugunsten des europäischen Reparations- und Entschädigungsfonds umgewidmet zu werden.

Deutschen angeführte Staatengruppe gegenüber, die die Peripherieländer mit ihren auf einem systematisch betriebenen Lohn- und Preisdumping basierenden Leistungsbilanzüberschüssen in die Enge treibt.[55] Nur wenn auf die abschließende Reparations- und Entschädigungsakte der deutsche Verzicht auf eine unumschränkte Machtstellung folgt, kann die marktradikale Austeritätspolitik dauerhaft überwunden und die Rückkehr zu Stabilität, Gleichgewicht und Wohlstand verstetigt werden. Darüber hinaus werden in diesen Prozess auch solche Mitgliedsländer einbezogen, die wie beispielsweise Spanien oder Portugal sowie die früheren Satelliten der faschistischen »Achse« – Bulgarien, Rumänien und Ungarn – nicht an der abschließenden Reparationsakte beteiligt sein werden.

Es würde den Rahmen sprengen, wollte ich an dieser Stelle die Kernelemente einer solchen post-keynesianischen Wende auch nur kursorisch darstellten.[56] Ich muss mich deshalb auf die Auflistung der wichtigsten Aktionsfelder beschränken.

Erstens: Seit Beginn der Weltwirtschaftskrise von 2008/09 hat sich die schon zuvor entstandene Asymmetrie zwischen den nationalstaatlich fixierten und den transnational ori-

---

[55] Vgl. zur Analyse der Entwicklung und der Auswirkungen des merkantilistischen deutschen Exportmodells Karl Heinz Roth/Zissis Papadimitriou, Die Katastrophe verhindern. Manifest für ein egalitäres Europa, Hamburg 2013, S. 20ff., 36ff.; Riccardo Bellofiore/Francesco Garibaldo/Joseph Halevi, The Global Crisis and the Crisis of European Neomercantilism, in: Leo Panitch u.a. (Hrsg.), The Crisis this Time, Socialist Register 2011, S. 120-146

[56] In diesem Kontext wären vor allem zu konsultieren: P. Minsky, Can »It« Happen Again? Essays on Instability and Finance, New York 1984; Emiliano Brancaccio/Giuseppe Fontana (Hrsg.), The Global Economic Crisis. New perspectives on the critique of economic theory and policy, London/New York 2011; Riccardo Bellofiore, The Socialization of Investment, from Keynes to Minsky and Beyond. Levy Economics Institute Working Paper No. 822, December 2014.

entierten Machtblöcken innerhalb der Eurozone und der Europäischen Union in die Richtung einer einseitigen Dominanz national-merkantilistischer Interessen verschoben, die das Diktat der Überschussländer in Gestalt der Eurogruppe (des Rats der Finanzminister der Eurozone) und des Rats der Staats- und Regierungschefs ausüben. Dieser Prozess muss durch die Aufwertung der EU-Kommission zu einer vom EU-Parlament gewählten und kontrollierten europäischen Föderationsregierung gestoppt werden. Die von den Deutschen beherrschten EU-Institutionen müssen entmachtet werden.

Zweitens: Die Europäische Zentralbank sollte zu einem föderalen Reservesystem umgebaut werden, das die Funktion eines »lender of last resort« der EU-Kommission übernimmt und sie in die Lage versetzt, europäische Gemeinschaftsanleihen auszugeben. Dieser Prozess sollte mit einer gleichzeitigen Dezentralisierung des föderalen Reservesystems einhergehen. Darüber hinaus sollte es der EZB ermöglicht werden, im Anschluss an den griechischen Schuldenschnitt die Staatsschulden der übrigen notleidenden Defizitländer zu übernehmen, soweit deren Schuldenquote die 80%-Marge des Bruttoinlandsprodukts überschreitet. Dieser Prozess könnte im Übrigen in die gerade anlaufende EZB-Kampagne zum Aufkauf von Staatsanleihen integriert werden.

Drittens: Als dritter Ansatzpunkt zu einer entscheidenden makroökonomischen Reform der EU-Strukturen könnte der so genannte Europäische Rettungsschirm dienen, der gegenwärtig aus seiner Ad-hoc-Phase (European Financial Stability Facility – EFSF) zum Europäischen Stabilitäts-Mechanismus (ESM) weiterentwickelt wird. Dabei sollten zuerst die den einzelnen Mitgliedsländern zugeordneten und unterschiedlich verzinsten Einlagen vergemeinschaftet werden. Anschließend könnte der ESM in einen

European Clearing Fund (ECF) umgebaut werden, durch den die Leistungsbilanzüberschüsse der exportstarken Mitgliedsländer laufend mit den Leistungsbilanzdefiziten der schwächeren Wirtschaftsnationen verrechnet werden. Auf diese Weise werden künftig nicht mehr nur diejenigen Länder bestraft, die ihre Zahlungsbilanzen aufgrund ihrer schlechten Wettbewerbsfähigkeit mit wachsenden Staatsschulden ausgleichen müssen: Im gleichen Atemzug werden auch die Überschussländer diskriminiert werden, weil sie ihre überproportional wachsenden Exportrevenuen in steigenden Prozentsätzen an den ECF abführen müssen.

Viertens: Auch der vierte Fixpunkt einer solchen entscheidenden Reform existiert bereits in Embryonalform: die Europäische Investitionsbank (EIB). Wir haben sie bereits als möglichen Transmissionsriemen eines griechischen Wiederaufbauprogramms kennengelernt. Die EIB sollte eng mit der EZB und dem ECF vernetzt und zugleich regional dezentralisiert werden, denn der Erfolg eines jeden größeren Investitionsvorhabens hängt von der Effizienz der regionalen Partnerinstitute ab.

Fünftens: Letzten Endes wird der »oben« ansetzende Demokratisierungs- und Egalisierungsprozess der europäischen Institutionen nur dann eine Chance haben, wenn er »von unten« erkämpft und getragen wird. Das ist nur möglich, wenn auch die Arbeits-, Lohn- und Sozialstandards europaweit egalisiert werden.[57]

Spätestens an dieser Stelle werden vielleicht manche abwinken, weil sie die hier entwickelten Vorschläge angesichts der konkreten Machtverhältnisse für unrealistisch und uto-

[57] Wie dies geschehen könnte, haben wir an anderer Stelle dargestellt. Vgl. Karl Heinz Roth/Zissis Papadimitriou, Die Katastrophe verhindern (siehe Fußnote 55), S. 80ff. Vgl. auch den dazu verfassten und in zahlreiche europäische Sprachen übersetzten Aufruf unter www.egalitarian-europe.com.

pisch halten. Es handelt sich jedoch nur um eine realpolitisch durchdachte Blaupause, die den überfälligen moralischen Schlussstrich unter die vor allem von den Deutschen hinterlassenen Hypotheken des Zweiten Weltkriegs mit den Sichtweisen und Handlungsoptionen der post-keynesianischen Schule der politischen Ökonomie verbindet.[58]

Es geht somit nicht um Visionen. Wir erheben ganz einfach unsere Stimme, weil uns das drohende Chaos und die damit unweigerlich einhergehende Barbarisierung des Lebens ängstigen. An den Grenzen Europas ist das alles schon mit Händen zu greifen, und auch innerhalb des Kontinents etablieren sich rechtsextremistische und neo-faschistische Mentalitäten. Wie wir aus der Geschichte wissen, ist es eine Illusion zu glauben, dass eine Ära der Barbarei, des ethnopolitischen Hasses, des Hypernationalismus, der Bürgerkriege und der Ausplünderung ganzer Gesellschaften zum Vorteil der Großmächte die Chancen für einen Umschwung in Richtung soziale Gleichheit und Gerechtigkeit verbessert. Wer dieses Anliegen wirklich hochhält, sollte aktiv werden, bevor es zu spät ist.

---

[58] Die dabei entwickelten Vorschläge sind keineswegs utopisch. Es handelt sich nicht um ein Konzept der sozialistischen Systemüberwindung, auch wenn es für nach-kapitalistische Perspektiven anschlussfähig ist.

Nicht nur ein paar niedergebrannte Ortschaften
Die Hypotheken der deutschen Besatzungsherrschaft*

* Aktualisierte und überarbeitete Fassung eines Manuskripts aus dem Jahr 2011, das gekürzt in der Zeitschrift lunapark 21 (Heft 15/Herbst 2011) veröffentlicht worden war.

Distomo, Kalavryta, Kommeno, Lyngiádes ... Das sind die bekanntesten Namen jener Hunderte von Dörfern, Weilern und Kleinstädten, die die deutschen Okkupanten während des Zweiten Weltkriegs ausgelöscht haben – und zwar häufig nach furchtbaren Massakern an ihren Einwohnern. Heute gibt es dort Gedenkstätten, in denen sich Griechen und Deutsche begegnen. Sie haben gemeinsame Initiativen gegen das Vergessen und zur Entschädigung der Nachkommen der Opfer in Gang gebracht.[59] Sie haben die Geschichte der lokalen Katastrophen aufgearbeitet, und dabei sind Freundschaften entstanden. Wenn wir diese Veröffentlichungen durchblättern, dann erkennen wir rasch, dass in ihnen nicht nur Geschichte rekonstruiert, sondern auch Orte geschaffen wurden, in denen nicht die Kälte der offiziellen deutsch-griechischen Beziehungen vorherrscht.[60]

Allen diesen Initiativen verdanken wir viel. Sie sind Fixpunkte, die eine der finstersten Episoden der deutsch-griechischen Geschichte im kollektiven Gedächtnis verankert haben. Sie machen es den Beteiligten möglich, sich jenseits der fortbestehenden Traumatisierungen zu bewegen, die sonst häufig bei jeder deutsch-griechischen Begegnung mitschwingen. Aber diese Orte umfassen nicht das ganze Ausmaß der Zerstörungen. Sie haben der politischen und wirtschaftlichen Asymmetrie der aktuellen deutsch-griechischen Beziehungen deshalb nur wenig entgegenzusetzen. Die Forderung nach der Entschädigung der Nachkommen einiger Dorfgemeinden ist nicht mehr als eine Geste.

Infolgedessen behandeln die bundesdeutschen Machteliten diese Tendenzen zur Aussöhnung »von unten« als

---

[59] Vgl. zur Distomo-Initiative Anita Friedetzky: Als bedürfe es eines Beweises, in: junge Welt, Nr. 163 vom 16./17.7.2011, S. 4f.

[60] Vgl. exemplarisch den Bericht von Christoph Schminck-Gustavus über seine jahrelangen Erkundungen im Epiros-Gebiet: Winter in Griechenland. Krieg – Besatzung – Shoah 1940-1944, Göttingen 2010.

»exotische« Randerscheinung, die ihre Agenda nicht stört. Die damit einhergehende Verweigerung jeglicher historischer Verantwortung scheint bei ihnen zu einem ausgesprochenen Griechenlandkomplex geführt zu haben. Sie scheinen dem kleinen südosteuropäischen Partner der Alliierten bis heute nicht verziehen zu haben, dass er sich der Okkupation so entschieden widersetzte, obwohl sich den deutschen Besatzern auch in Griechenland eine schmale Schicht von Kollaborateuren andiente. Und sie scheinen bis heute nicht vergessen zu haben, dass die Besatzungsherrschaft in kürzester Frist scheiterte und Griechenland wirtschaftlich ruinierte. Deshalb blieben die Hypotheken des Zweiten Weltkriegs gerade im Fall Griechenland allmächtig. Während einigen kleinen Initiativen der bundesdeutschen Gesellschaft der Brückenschlag glückte, verharren ihre Eliten aus Wirtschaft, Politik und Medien bis heute in einer affektiven Erstarrung, die durch eine Mischung aus Arroganz, Verunsicherung und Verachtung übertüncht wird. Vor diesem Hintergrund ist auch die gegenwärtig von Berlin diktierte Linie der harten Hand gegenüber der am stärksten verschuldeten Nationalökonomie der Euro-Zone zu verstehen. Und dass die griechische Strukturkrise auch mit den langfristigen Folgen der ungeheuren Zerstörungen des Zweiten Weltkriegs zu tun hat, wird systematisch ausgeblendet und zum Tabu erklärt.

Verlassen wir angesichts der aktuellen Situation die schützenden Orte der Erinnerungskultur an den Rändern der beiden Gesellschaften. Wagen wir den Tabubruch: Schlagen wir eine Brücke zwischen der katastrophalen Vergangenheit und der schwierigen Gegenwart der deutsch-griechischen Beziehungen. Es gilt, gegen die unverantwortliche deutsche Griechenlandpolitik Front zu machen, indem wir ihre historischen Dimensionen thematisieren. Bilanzieren wir deshalb in einem ersten Schritt, wie die Deutschen während des

Zweiten Weltkriegs die griechische Volkswirtschaft in den Abgrund gestürzt haben. Und listen wir anschließend auf, in welchem Ausmaß die heutige Führungsnation der Europäischen Union gegenüber dem Partnerland Griechenland in der Schuld ist.

Die Zerstörung der griechischen Volkswirtschaft 1941-44

Am 6. April 1941 überfiel die Wehrmacht Jugoslawien und Griechenland.[61] Während die Führung der NS-Diktatur im Fall Jugoslawien unmittelbar auf einen ihr missliebigen politischen Machtwechsel reagierte, hatte sie die Aggression gegen Griechenland von langer Hand vorbereitet. Die

---

[61] Die Fakten und Daten der folgenden Abschnitte entstammen den folgenden Quellenveröffentlichungen und Untersuchungen: Martin Seckendorf (Dokumentenauswahl und Einleitung), Die Okkupationspolitik des deutschen Faschismus in Jugoslawien, Griechenland, Albanien, Italien und Ungarn 1941-1945, Berlin/Heidelberg 1992 (Europa unterm Hakenkreuz, Bd. 6); Wolfgang Schumann (Hrsg.), Griff nach Südosteuropa. Neue Dokumente über die Politik des deutschen Imperialismus und Militarismus gegenüber Südosteuropa im zweiten Weltkrieg, Berlin 1973; Hagen Fleischer: Im Kreuzschatten der Mächte. Griechenland 1941-1944: Okkupation – Kollaboration –Resistance, Frankfurt a.M. u.a. 1986; Ders., Deutsche »Ordnung« in Griechenland, in: Loukia Droulia/Hagen Fleischer (Hrsg.), Von Lidice bis Kalavryta. Widerstand und Besatzungsterror. Studien zur Repressalienpraxis im Zweiten Weltkrieg, Berlin 1999, S. 151-223; Rainer Eckert, Vom »Fall Marita« zur »wirtschaftlichen Sonderaktion«. Die deutsche Besatzungspolitik in Griechenland vom 6. April 1941 bis zur Kriegswende im Februar/März 1943, Frankfurt a.M. u.a. 1992; Klaus Olshausen, Zwischenspiel auf dem Balkan. Die deutsche Politik gegenüber Jugoslawien und Griechenland vom März bis Juli 1941, Stuttgart 1973, 3. Teil, S. 255ff.; Karl Heinz Roth/Jan-Peter Abraham, Reemtsma auf der Krim. Tabakproduktion und Zwangsarbeit unter der deutschen Besatzungsherrschaft 1941-1944, Hamburg 2011, S. 27ff.

griechische Armee hatte eine Ende Oktober 1940 von Albanien aus gestartete italienische Offensive zurückgeschlagen und ein britisches Expeditionskorps zur Unterstützung ins Land gelassen. Durch diese Entwicklung sahen die Deutschen die für sie strategisch entscheidenden rumänischen Ölfelder und ihren gegen die Sowjetunion geplanten Angriffskrieg von der südosteuropäischen Flanke her bedroht. Weder Jugoslawien noch Griechenland waren in der Lage, dem mit großer operativer und materieller Überlegenheit vorgetragenen Angriff der 12. Armee der Wehrmacht standzuhalten.

Die Wehrmachtführung nutzte diesen »Blitzkriegs-Exkurs« zugleich als Experimentierfeld, indem sie die für den Überfall auf die Sowjetunion entwickelten Strukturen des raubwirtschaftlichen »Kahlfraßes« am Beispiel der beiden Länder erprobte. Beim Generalstab der 12. Armee wurde ein Verbindungsoffizier des Wehrwirtschafts- und Rüstungsamts des Oberkommandos der Wehrmacht (OKW) eingesetzt, dessen Aufgabe darin bestand, alle beweglichen Wirtschaftsgüter zu konfiszieren und ins Reich abzutransportieren. Anschließend sollten die beiden Nationalökonomien zur Versorgung der Besatzungstruppen und des rohstoffhungrigen Machtzentrums der faschistischen »Achse« genutzt werden. Zu diesem Zweck wurde die dem Verbindungsoffizier unterstellte Wehrwirtschaftsabteilung mit Managern der deutschen Großunternehmen und Wirtschaftsverbände besetzt. Zusätzlich wurden regionale Ableger (Wirtschaftskommandos) gebildet. Im Verlauf der Besatzungsherrschaft wurden diese »Wehrwirtschaftsstäbe« analog zu den Veränderungen der militärischen Spitze mehrfach modifiziert. Aber sie behielten bis zuletzt das Heft in der Hand, und die um die Mobilisierung einer loyalen Kollaborationsschicht bemühten Griechenland-Bevollmächtigten des Auswärtigen Amts hatten in allen wichtigen Entscheidungskonstellationen das Nachsehen. Jugoslawien und Griechenland waren wie anschließend die besetzten Gebiete der Sowjetunion den schrankenlosen Raub- und Ausbeutungsinteressen der deutschen Kriegsmaschinerie unterworfen.

In Griechenland kam diese besonders rücksichtslose Variante der deutschen Okkupationspolitik auch deshalb sofort zum Tragen, weil die Deutschen das Land in drei Besatzungszonen aufteilten und die für sie strategisch weniger wichtigen Gebiete ihren Bündnispartnern Italien und Bulgarien überließen. Bevor sie diese Territorien nach und nach an die italienischen und bulgarischen Besatzungsbehörden abtraten, plünderten sie diese mit besonderer Gründlichkeit und sicherten sich gleichzeitig den weiteren Zugriff auf die strategisch wichtigen Rohstoffe, indem sie die gesamte Montanindustrie unter ihre Kontrolle brachten. Infolgedessen waren in den ersten Besatzungsmonaten alle griechischen Territorien ihren Raubzügen ausgesetzt, obwohl sie erst im September 1943 nach der Kapitulation Italiens die unumschränkte Besatzungsherrschaft über Griechenland ausübten.

In der Tat wurde Griechenland systematisch ausgeraubt. Bis Anfang Juni 1941 lagen im Hafen von Saloniki große Mengen von Chromerz-, Zink-, Zinn-, Kupfer- und Bleikonzentraten abfahrbereit in Richtung Deutschland. Zusätzlich brachten deutsche Industriemanager die Jahresproduktionen dieser Industriemetalle sowie von Bauxit, Mangan, Nickel, Molybdän und Schwefelkies unter ihre Kontrolle, sodass sich der Gesamtwert der jährlichen Rohstoffexporte auf 45 bis 50 Millionen Reichsmark bezifferte. Aber auch Kohlenvorräte (10.000 Tonnen), Mineralölvorräte und die wichtigsten landwirtschaftlichen Exportprodukte wurden weggeschafft, darunter 71.000 Tonnen Rosinen, 18.000 Tonnen Olivenöl, 7.000 Tonnen Baumwolle,

3.500 Tonnen Zucker, 3.000 Tonnen Reis und 305 Tonnen Seidenkokons. Darüber hinaus konfiszierten die Wirtschaftsoffiziere die Werkzeugmaschinen des Bodsakis-Rüstungskonzerns und große Teile des rollenden Materials der Eisenbahn. Das bedeutendste Beutegut aber war der Tabak. Unter der Regie des Reemtsma-Managers Otto Lose wurde die gesamte Ernte der Jahre 1939 und 1940 beschlagnahmt und abtransportiert. Es handelte sich um 85.000 Tonnen Orienttabake im Gegenwert von 175 Millionen Reichsmark, die für eine komplette Jahresversorgung mit Zigaretten ausreichten und allein dem Reichsfiskus ein Tabaksteueraufkommen von 1,4 Milliarden Reichsmark einbrachten.

Als Gegenleistung für diese »Ankäufe« stellten die Beute- und Erfassungskommandos der 12. Armee Lieferbescheinigungen aus, die Zahlungsversprechen für die Zeit nach Kriegsende enthielten, oder sie bezahlten mit »Reichskreditkassenscheinen«, dem Besatzungsgeld der Wehrmacht, zum Preisstand von 1939. Diese fiktiven Zahlungsversprechen und Zahlungen mussten von der am 30. April 1941 installierten Kollaborationsregierung des Generals Tsolakoglu mit Krediten oder mit Bargeld – in Drachmen – refinanziert werden. Infolgedessen blieb ihr nichts anderes übrig, als die Notenpresse anzuwerfen, ihren Staatshaushalt zu überschulden und das Bilanzvolumen der Griechischen Zentralbank defizitär aufzublähen. Dies war der erste Schritt in die Hyperinflation, die Kehrseite des Raubzugs. Die dadurch ausgelöste Talfahrt der griechischen Wirtschaft wurde zusätzlich dadurch beschleunigt, dass ihr gesamter Verarbeitungssektor seine Rohstoffbasis verlor und die Produktion drastisch herunterfahren musste.

Im August 1941 beendeten die drei Okkupationsmächte die von den Deutschen angeführte erste Plünderungsetappe. Sie gingen nun dazu über, den für ihre Besatzungstruppen unverzichtbaren gewerblichen Kern der kleinen griechischen Volkswirtschaft zu reorganisieren, die für das Reich bestimmte Rohstoffproduktion anzukurbeln und die übrigen ökonomischen Ressourcen zur Finanzierung der Besatzungskosten zu mobilisieren. Auf diese Weise kristallisierten sich drei Schlüsselbereiche der mittelfristig angelegten Ausbeutung heraus, die nun formell über die griechische Währung, die Drachme, abgewickelt wurde: Erstens die außenhandelspolitische Abschöpfung im Rahmen des bilateralen Verrechnungsverkehrs, zweitens die direkten Rohstoffexporte der unter deutsche Mehrheitsbeteiligung geratenen oder beschlagnahmten Montanunternehmen, und drittens die Alimentierung der Besatzungstruppen mitsamt ihren militärischen Infrastrukturvorhaben durch die Abpressung von Besatzungskosten. Für alle diese Operationen stellten die Wirtschaftsoffiziere und »Sonderführer« der Wehrwirtschaftsabteilung des Wehrmachtbefehlshabers den organisatorischen Rahmen, während der Griechenland-Bevollmächtigte des Auswärtigen Amts den Verwaltungsapparat der Kollaborationsregierung geld- und fiskalpolitisch in die Pflicht nahm. Innerhalb dieses Rahmens konnten dann die Unternehmensniederlassungen der »ersten Stunde« – Krupp, I.G. Farben, Reemtsma, AEG und Siemens, Rheinmetall-Borsig, die Bau-Einsatzfirmen der Organisation Todt, die Aluminiumindustrie und der Großhandel – ihre Positionen weiter ausbauen, während die Berliner Großbanken den privaten griechischen Finanzsektor unter ihre Kontrolle brachten.

Unter diesen raffiniert aufgebauten raubwirtschaftlichen Strukturen verschlechterten sich die ökonomischen Parameter dramatisch. Die Drachme wurde zweimal abgewertet (zu Beginn der Okkupation legten die Deutschen ihren Wechselkurs auf 50 : 1 fest, im Juni 1941 folgte eine weitere Abwertung auf 60 : 1). Parallel dazu wurde die Griechische Zentralbank gezwungen, die inzwischen in Griechenland umlaufenden Reichskreditkassenscheine in Höhe von 100 Millionen RM gegen Drachmen (ca. 6 Milliarden) und die von den Italienern in Umlauf gebrachten Drachmennoten umzutauschen und entschädigungslos abzuführen. Im August 1941 wurde ihrem Direktorium dann erstmalig die Zahlung von monatlich drei Milliarden Drachmen zur Erstattung der Besatzungskosten auferlegt.

Damit waren die Schleusen endgültig geöffnet. Da die Wehrmacht Griechenland inzwischen als Sprungbrett für ihre Operationen in Richtung Nordafrika und Suezkanal betrachtete, stiegen die Nachschub- und Logistikkosten gewaltig an. Sie wurden voll in die Besatzungskosten eingerechnet. Allein bis März 1942 wurde die Zahlung von Besatzungskosten in Höhe von 720 Millionen Reichsmark (43,6 Milliarden Drachmen) gefordert, die von der Zentralbank in monatlich schwankenden Raten aufgebracht werden sollten. Obwohl die Kollaborationsregierung mehrfach mit ihrer Demission drohte, wurde eine an den monatlichen Anforderungen der Wehrmacht orientierte Zahlungsweise durchgesetzt. Da sich parallel dazu auch die außenwirtschaftlichen Parameter zum Nachteil Griechenlands verschlechterten – selbst die Clearingsalden wiesen für 1941 und 1942 einen deutschen Schuldenstand von 37,1 bzw. 42,5 Millionen RM aus –,[62] war der Absturz der griechischen Nationalökonomie nicht mehr aufzuhalten.

Als Erste bekamen die städtischen Unterklassen diese Entwicklung zu spüren. Aufgrund der sich anbahnenden

---

[62] Ich beziehe mich hier auf die Werte, die die »Forschungsstelle für Wehrwirtschaft« für eine Untersuchung der deutschen Okkupationsbilanz neu berechnet hatte. Vgl. Christoph Buchheim, Dokumentation: Die besetzten Länder im Dienste der deutschen Kriegswirtschaft während des Zweiten Weltkrieges. Ein Bericht der Forschungsstelle für Wehrwirtschaft, in: Vierteljahrshefte für Zeitgeschichte 34 (1986), H. 1, S. 141.

Hyperinflation stiegen die Lebensmittelpreise rapide: Sie verdoppelten sich bis zur Jahreswende 1941/42 und stiegen bis Anfang 1944 um das Vier- bis Fünffache. Das Lebensmittelgewerbe schrumpfte drastisch, denn die Deutschen hatten neben den landwirtschaftlichen Veredelungsprodukten inzwischen auch die Getreidevorräte geplündert. Von den internationalen Getreide- und Lebensmittelmärkten war Griechenland durch die britische Blockade abgeschnitten. Und da die Deutschen die ohnehin schwach entwickelte Infrastruktur wie etwa die strategische Bahnlinie Saloniki – Athen ausschließlich für ihre Nachschublieferungen nach Kreta und Nordafrika nutzten, kamen auch die innergriechischen Lebensmitteltransporte zum Erliegen. Es kam zur Hungerkatastrophe.

In den griechischen Mittel- und Großstädten starben im Winter 1941/42 100.000 Menschen – zumeist den Unterklassen angehörige Kinder und Alte – an Hunger bzw. den durch den Hunger ausgelösten Folgekrankheiten. Wer konnte, floh in die ländlichen Regionen und in die Subsistenzwirtschaft. Die massenhafte Binnenwanderung bestärkte den elementaren Willen zum Widerstand, der sich rasch zu organisieren begann.

Erst im Spätsommer 1942 waren die Deutschen in der Lage, das ganze Ausmaß der von ihnen ausgelösten Katastrophe zu überblicken. Der Zusammenbruch der griechischen Wirtschaft und die damit einher gehende Hyperinflation liefen nicht nur ihren mittelfristigen Ausbeutungsinteressen zuwider, sondern konnten auch als erstes Anzeichen für die beginnende Destabilisierung der kontinentaleuropäischen Großraumstrategie verstanden werden. Hinzu kam die Notwendigkeit, das bisherige operative Sprungbrett in Richtung Nahost angesichts des sich abzeichnenden Scheiterns der deutsch-italienischen Nordafrika-Offensive in eine vorgeschobene »Festung« umzubauen. Griechenland wurde infolgedessen erst recht zum Objekt gigantischer Bau- und Infrastrukturvorhaben.

Es gab somit eine Menge Gründe, die eine Überprüfung und Korrektur der bisherigen Besatzungswirtschaft erforderlich machten. Gleichwohl sollte an den grundsätzlichen Weichenstellungen festgehalten werden. Es ging den deutschen Entscheidungszentren lediglich darum, die technischen Mittel der Ausbeutung zu verbessern.

Mitte Oktober 1942 wurde der Wiener NSDAP-Politiker und Südosteuropaexperte Hermann Neubacher zum Sonderbeauftragten des Reiches für wirtschaftliche und finanzielle Fragen in Griechenland ernannt. Er sollte versuchen, die Situation im Rahmen einer »wirtschaftlichen Sonderaktion« zu stabilisieren. Als wichtigstes Instrument wurde ihm dafür eine kurz zuvor von der Reichsgruppe Industrie und der Wirtschaftsgruppe Groß- und Außenhandel gegründete Deutsch-Griechische Warenausgleichsgesellschaft mbH (DEGRIGES) zur Seite gestellt. Ihre wichtigste Aufgabe bestand darin, das Reich trotz der grassierenden Inflation und trotz eines unverändert beibehaltenen Wechselkurses von 60 : 1 mit den strategisch wichtigen Exportgütern Chrom, Molybdän, Nickel, Schwefelkies, Magnesit, Bauxit, Terpentinöl, Olivenöl und Harz zu beliefern. Zu diesem Zweck sollten die Preise für die nach Griechenland gelieferten deutschen Exportgüter an die inflationierte Drachme angepasst, anschließend abgeschöpft und zur Verbilligung der griechischen Rohstoffausfuhr genutzt werden. Zusätzlich war vereinbart, knapp die Hälfte – 3/7 – der Abschöpfungssumme zur Finanzierung der Besatzungskosten einzusetzen. Um die Flucht der hungernden griechischen Bevölkerung in die Subsistenzwirtschaft abzubremsen und die damit einhergehende Abwanderung zu den sich konsolidierenden Partisanenbewegungen zu stoppen, sollten darüber hinaus die Lebensmittelversorgung reorganisiert und die grassierende Hyperinflation durch die Beschränkung der Besatzungskosten sowie ihre partielle Umwandlung in eine Zwangsanleihe eingedämmt werden. Auch die Kollaborationsregierung wurde umgebildet und auf die neuen Zielvorgaben eingeschworen.

Tatsächlich gelang es den Deutschen, die Lage vorübergehend zu stabilisieren und eine Wiederholung der Hungerkatastrophe im Ausmaß des voraufgegangenen Winters zu vermeiden. Da sich aber an den grundlegenden Parametern der Ausbeutung nichts änderte, war auch die Sondermission Neubachers auf Sand gebaut. Ab dem Frühjahr 1943 stiegen die Lebensmittelpreise weiter, und die Hyperinflation kam nun voll zum Ausbruch. Es gelang dem Widerstand, große Teile der ländlich-gebirgigen Regionen zu befreien, und in den städtischen Zentren kam es immer wieder zu Massenstreiks und Hungerdemonstrationen, die von den Okkupanten blutig unterdrückt wurden. Die griechische Nationalökonomie brach endgültig zusammen, und ab dem Herbst 1943 wurden auch die strategischen Rohstoffexporte nach Deutschland durch die Partisanenbewegung erheblich behindert.

Hinzu kam Ende Juli 1943 die Entmachtung des Diktators Benito Mussolini, auf die am 8. September der italienische Waffenstillstand mit den Alliierten folgte. Nun entfesselten die Deutschen einen Rachefeldzug gegen ihre bisherigen Verbündeten und dehnten ihre Besatzungsherrschaft – mit Ausnahme des bulgarischen Okkupationsgebiets in Westthrakien und Ost-Mazedonien – auf ganz Griechenland aus. Im Verlauf der sich intensivierenden Konfrontation mit dem Widerstand kam es schließlich zur Wiederholung der ersten Plünderungsphase, die nun mit dem kollektiven Terror gegen die in den Partisanengebieten gelegenen Dorfgemeinden Hand in Hand ging. Sie mündete ein Jahr später – im September und Oktober

1944 – in eine Politik der »Verbrannten Erde« ein, wie wir sie in diesem Ausmaß nur aus der Schlussphase der deutschen Besatzungsherrschaft in der Sowjetunion kennen. So können wir beispielsweise einer Meldung der Heeresgruppe E vom 31. Oktober 1944 entnehmen, dass während der Rückzugsoperationen 52 Straßenbrücken, 24 Straßen, 42 Bahnhofsanlagen, 68 Eisenbahnbrücken, sechs Tunnel und Eisenbahnstrecken in einer Länge von 55,5 km zerstört wurden.[63] Hinzu kamen die Zerstörungen in den Städten. In Saloniki versenkten Sprengkommandos in der Hafeneinfahrt und entlang der Kaimauer alle für die Deutschen gecharterten Schiffe. Auch die Hafenanlagen und die Bahnhöfe wurden restlos zerstört. »Sachverständige äußerten, dass es 10 Jahre dauern würde, um die umfangreichen Zerstörungen wiederherzustellen«, hielt der Berichterstatter voller Stolz fest.[64]

Bilanz der Zerstörungen

Als sich die Deutschen ab Oktober 1944 aus Griechenland zurückzogen, hatten sie das Land nicht nur wirtschaftlich ruiniert, sondern auch weitgehend zerstört. Um das Ausmaß der Verwüstungen zu verstehen, müssen wir bedenken, dass es sich um eine vergleichsweise kleine Nationalökonomie handelte, die die Deutschen dreieinhalb Jahre

[63] Meldung des Oberkommandos der Heeresgruppe E an Generalfeldmarschall Maximilian von Weichs, 31.10.1944. Abgedruckt als Dokument Nr. 342 in: Martin Seckendorf (Hrsg.), Die Okkupationspolitik des deutschen Faschismus in Jugoslawien, Griechenland, Albanien, Italien und Ungarn, S. 381.

[64] Tätigkeitsbericht der Geheimen Feldpolizei Gruppe 621 für die Zeit vom 13. bis 29. Oktober 1944. Abgedruckt ebenda als Dokument Nr. 341, S. 380f.

zuvor fast vollkommen intakt in ihre Gewalt gebracht hatten. Diese Tatbestände sind von erheblicher Bedeutung. In Griechenland erreichte der deutsche Dreischritt aus Raubwirtschaft, Terror und Vernichtung das Ausmaß des Vorgehens gegen Jugoslawien.[65] In beiden Ländern waren die Deutschen und ihre Satelliten somit ausschließlich und allein für die weitgehende Vernichtung der volkswirtschaftlichen Substanz verantwortlich.

Es waren insgesamt sechs Faktoren, die das Wirtschaftspotenzial Griechenland während der deutschen Besatzungsherrschaft ruinierten:

Erstens die Plünderungen während der ersten Okkupationsphase. Sie erreichten wertmäßig einen Umfang von mindestens 750 Millionen Reichsmark. Es kam aber auch anschließend zu weiteren Konfiskationen durch die deutschen Wirtschaftsoffiziere, und spätestens seit dem Sommer 1943 wurde es üblich, die zur Vernichtung vorgesehenen Ortschaften vor dem Niederbrennen systematisch auszurauben.

Zweitens die Ausplünderung durch die ungleichen Tauschrelationen des bilateralen Verrechnungsverkehrs. Ihr Umfang ist schwer zu schätzen, denn aufgrund der Manipulationen der DEGRIGES wiesen sie ab 1943 sogar ein

[65] Um die Proportionen zu wahren, müssen wir an dieser Stelle daran erinnern, dass die deutsche Besatzungsherrschaft nicht in Südosteuropa, sondern in Polen und den besetzten Teilen der Sowjetunion ihre brutalsten Ausmaße erreichte. In diesen Territorien wurden Völkermordpläne wie etwa der »Generalplan Ost« mit einer systematisch und flächendeckend praktizierten Hungerpolitik kombiniert; die griechische Hungerkatastrophe des Winters 1942/43 war dagegen von den Okkupanten nicht beabsichtigt, wurde von ihnen jedoch billigend in Kauf genommen. Darüber hinaus gab es in Polen und den besetzten Gebieten der Sowjetunion keine Kollaborationsregierungen.

deutsches Positivsaldo aus.[66] Es gibt jedoch gute Gründe für die Annahme, dass die deutschen Clearingschulden, die bis zur Installierung der DEGRIGES etwa 80 Millionen Reichsmark erreicht hatten, bis Herbst 1944 auf mindestens 125 Millionen Reichsmark anstiegen.

Drittens die dem griechischen Kollaborationsregime abgepressten Ausgaben für Besatzungskosten und militärische Infrastrukturvorhaben. Sie lassen sich wegen der seit 1942 grassierenden Hyperinflation nur sehr schwer berechnen, und die in der einschlägigen Literatur gebräuchlichen Zahlen sind meistens zu hoch angesetzt. Aber auch die amtlichen deutschen Berechnungen waren widersprüchlich. Es gibt beispielsweise eine Schätzung des Reichsfinanzministeriums, das 1944 eine inflationsbereinigte Aufstellung der aus Griechenland herausgeholten Besatzungskosten für das Haushaltsjahr 1943 erarbeitete und auf einen Betrag von 500 Millionen RM kam.[67] Ausgehend hiervon könnten wir für die insgesamt dreieinhalb Besatzungsjahre – einschließlich der der griechischen Zentralbank auferlegten Zwangsanleihe – einen Gesamtbetrag von etwa 1,75 Milliarden RM einsetzen. Die zweite Berechnung nahm die von uns schon bei der Schätzung der deutschen Clearingschulden zu Rate gezogene »Forschungsstelle für Wehrwirtschaft« vor: Sie

---

[66] Dieses fiktive Positivsaldo der Manipulatoren des deutsch-griechischen Handelsmonopols wurde noch nicht einmal von den eigenen Experten akzeptiert. Beispielsweise verzichteten die Ökonomen der Forschungsstelle für Wehrwirtschaft bei ihrer im Herbst 1944 erarbeiteten Bilanzierung der Ausbeutung der besetzten Gebiete darauf, es in ihre Aufstellung zu übernehmen. Vgl. Christoph Buchheim, Dokumentation: Die besetzten Länder im Dienste der deutschen Kriegswirtschaft während des Zweiten Weltkriegs. Ein Bericht der Forschungsstelle für Wehrwirtschaft, in: Vierteljahrshefte für Zeitgeschichte 34 (1986), H. 1, S. 117-145. hier S. 141.

[67] Mitgeteilt in der schon referierten Studie der Forschungsstelle für Wehrwirtschaft, S. 141.

kam für die gesamte Besatzungszeit auf eine Reichsschuld gegenüber Griechenland im Umfang von 500 Millionen RM.[68] Aber auch die Okkupationsspezialisten der Deutschen Reichsbank machten sich noch kurz vor Kriegsende über die Bücher und summierten die deutsche Reichsschuld Griechenland gegenüber auf einen Betrag, der sich mit 476 Millionen Reichsmark knapp unterhalb der Schätzung der Forschungsstelle für Wehrwirtschaft positionierte.[69]

Es ist an dieser Stelle nicht möglich, das Pro und Contra dieser teilweise weit auseinander liegenden amtlichen Schätzungen der deutschen Reichsschuld zu erörtern, zumal uns auch die angewandten Berechnungsmethoden nur bruchstückhaft bekannt sind. Aber wir liegen sicher nicht falsch, wenn wir auch in diesem Fall den Berechnungen der »Forschungsstelle für Wehrwirtschaft« oder aber den Reichsbankspezialisten den Vorzug geben, weil diese unmittelbar vor Ort in die griechische Finanz- und Währungspolitik eingegriffen hatten.

Viertens die Exporte strategischer Rohstoffe im Anschluss an die erste Plünderungsphase durch die unter deutsche Kontrolle gebrachte griechische Bergbauindustrie. Sie deckte in einigen Bereichen – so etwa bei Chromerzen und Bauxit – erhebliche Teile des deutschen Importbedarfs ab und erreichte dem Abschlussbericht des Wehrwirtschaftsstabs Griechenland vom September 1944 zufolge erhebliche Ausmaße. Jeweils bis zum 1. September 1944 wurden 126.800 Tonnen Chromerz, 91.000 Tonnen Bauxit, 71.000

---

[68] Ebenda, S. 141.

[69] Oberregierungsrat Dr. S. Nestler, Das Finanzwesen einschließlich der Besatzungskosten in Griechenland während der deutschen Besatzungszeit 1941-1944 (Beilage zu einem Schreiben des Reichsbankdirektors Paul Hahns an den Präsidenten der Deutschen Reichsbank, 12.4.1945). Politisches Archiv des Auswärtigen Amts, R 27320, fol. 70-225, hier fol. 114.

Tonnen Nickel, 14.300 Tonnen Magnesit, 44.000 Tonnen Schwefelkies und 71 Tonnen Molybdänkonzentrat nach Deutschland abtransportiert.[70] Hinzu kamen weitere 30.000 Tonnen Orienttabake zur Versorgung der deutschen Zigarettenindustrie und weitere landwirtschaftliche Industrierohstoffe.

Fünftens die Zerstörung erheblicher Teile der volkswirtschaftlichen Substanz im Rahmen der kollektiven Terrormaßnahmen und der Praktiken der »Verbrannten Erde« bei den Rückzugsoperationen. Bei den Repressalien gegen die vom bewaffneten Widerstand kontrollierten Gebiete wurden 1.600 Ortschaften – Dörfer, Weiler und Kleinstädte – zerstört und über 100.000 Häuser niedergebrannt, sodass nach alliierten Schätzungen etwa 400.000 Einwohner zum Zeitpunkt des deutschen Rückzugs obdachlos waren. Nehmen wir für jedes zerstörte Gebäude einen durchschnittlichen Verkehrswert von etwa 10.000 RM an, so ergibt sich daraus ein Betrag von einer Milliarde RM. Hinzu kommt die weitgehende Vernichtung der Verkehrsinfrastruktur, die die deutschen Truppenverbände während ihres Rückzugs systematisch betrieben: Die Versenkung von drei Vierteln der griechischen Handelstonnage, die Sprengung des Kanals von Korinth, die Vernichtung der Hafenanlagen, die Sprengung der meisten Straßen- und Eisenbahnbrücken, die Zerstörung der Bahnhöfe, erheblicher Teile des Schienennetzes und die Wegschaffung oder Zerstörung von über 80% des rollenden Materials. Die Kosten für den Wiederaufbau und die Wiederbeschaffung der Transportmittel übertrafen diejenigen für die Wiederherstellung der Bausubstanz um das Zweieinhalb- bis Dreifache.

---

[70] Abschlussbericht der Gruppe Bergbau des Wehrwirtschaftsstabs Griechenland an das Feldwirtschaftsamt des OKW vom 10.9.1944, auszugsweise abgedruckt als Dok. Nr. 316 in Seckendorf (Hrsg.), Die Okkupationspolitik des deutschen Faschismus (wie Fußnote 61), S. 361f.

Sechstens der Verlust von Menschenleben. Beschränken wir uns bei der Diskussion dieser Frage ausschließlich auf die volkswirtschaftliche Seite, denn das unendliche Leid, das den Opfern des Besatzungsterrors und deren Angehörigen zugefügt wurde, entzieht sich jeglicher Berechnung und kann letztlich durch keine noch so großzügige materielle Geste wirklich »entschädigt« oder gar »wieder gut gemacht« werden. Umso beklemmender sind die Zahlen, die wir hier zumindest summarisch einzufügen haben, angesichts der geringen Größe der griechischen Nation – 6,933 Millionen Menschen vor Beginn der Okkupation.[71] Dem deutschen Angriffskrieg und der anschließenden, von den Deutschen dominierten Besatzungsherrschaft sind 520.000 Menschen griechischer Nationalität zum Opfer gefallen. Mindestens 125.000 von ihnen sind verhungert. Etwa 100.000 Griechinnen und Griechen starben in den deutschen Konzentrationslagern. 60.000 Juden und Roma wurden im Rahmen der Shoah ermordet. Bei ihren Razzien in den Großstädten und im Verlauf ihrer Massaker in den ländlichen Regionen töteten die deutschen Militär- und Po-

[71] Vgl. hierzu und zum Folgenden den Bericht der griechischen Regierung an den Internationalen Gerichtshof in Nürnberg, Nürnberger Dokument UK-82, USSR-79, referiert in: Internationaler Miltärgerichtshof (IMG), Bd. VII, S. 577ff., 610f.; Die Befreiung Griechenlands, in: Neue Zürcher Zeitung, Nr. 1851 vom 31.10.1944; Schwarzbuch der Besatzung, S. 60ff.; Eberhard Rondholz, »Schärfste Maßnahmen gegen die Banden sind notwendig…« Partisanenbekämpfung und Kriegsverbrechen in Griechenland, in: Repression und Kriegsverbrechen. Die Bekämpfung von Widerstands -und Partisanenbewegungen gegen die deutsche Besatzung in West- und Südosteuropa, Berlin/Göttingen 1997; Martin Seckendorf, Ausbeutung, die in die Katastrophe mündete. Zur Wirtschaftspolitik der deutschen Besatzer in Griechenland 1941-1944. Vortrag auf dem Kongress für griechische Entschädigungsforderungen gegenüber Deutschland, Athen, 2.-4.12.2005. Siehe u.a. www.widerstand-und-repression-in-griechenland.de/hinter/entschaedigung/kongress-athen-2005.html

lizeiverbände 56.000 Menschen. Im Vergleich dazu war die Zahl der während der Kampfhandlungen gefallenen Soldaten und Partisanen relativ gering.

Die Reparationsfrage

Nach der Befreiung begannen Wirtschaftswissenschaftler zusammen mit Fachleuten der griechischen Zentralbank die ökonomischen Folgen der deutschen Besatzungsherrschaft zu bilanzieren. Ihr Adressat war eine Interalliierte Reparationskonferenz der Siegermächte der westlichen Hemisphäre, die um die Jahreswende 1945/46 in Paris tagte, am 14. Januar 1946 ein Reparationsabkommen verabschiedete und eine Inter-Alliierte Reparationsagentur (IARA) zur Umsetzung der Vereinbarungen gründete.[72] Für die Verhandlungen über die an Griechenland zu leistenden Reparationen erlangten vor allem zwei Gutachten Bedeutung.[73] A. Angelopoulos schätzte die von den Deutschen der griechischen Volkswirtschaft entzogenen Besatzungskosten auf 4,050 Milliarden US-Dollar ($) und die der Gesamtwirtschaft zugefügten Schäden auf 3,172 Milliarden $,

---

[72] Das Reparationsabkommen und die wichtigsten griechischen Folgegesetze finden sich (englisch und deutsch) in: Bundesministerium der Justiz (Hrsg.), Deutsches Vermögen im Ausland. Internationale Vereinbarungen und ausländische Gesetzgebung, Köln o.J. (1951), S. 10ff., 169ff.

[73] Vgl. hierzu und zum Folgenden: Hagen Fleischer/Despina Konstantinakou: Ad calendas graecas? Griechenland und die deutsche Wiedergutmachung, in: Hans Günter Hockerts u.a. (Hrsg.): Grenzen der Wiedergutmachung. Die Entschädigung für NS-Verfolgte in West- und Osteuropa 1945-2000, Göttingen 2006, S. 375-457; Athanassios Kalafatis, Die wirtschaftliche Katastrophe Griechenlands und die rechtlichen Ansprüche auf Reparation, in: Schwarzbuch der Besatzung, Red. Manolis Glessos, 2. ergänzte und korrigierte Ausgabe, Athen 2006 (griechisch – deutsch), S. 12-22.

kam also auf einen Gesamtbetrag von 7,222 Milliarden $ auf der Basis der Kaufkraft des US-Dollars von 1938. Dagegen legte A. Sborounis, der Leiter der griechischen Delegation, eine konkurrierende Gesamtschätzung vor, die sich auf 12,0 Milliarden $ summierte, und zwar ebenfalls in der Kaufkraft von 1938; die griechische Regierung legte sich schließlich auf eine von den Deutschen zu fordernde Reparationssumme im Umfang von 10,45 Mrd. $ fest.[74] Die Reparationskonferenz reduzierte diesen Pauschalbetrag auf 7,1 Milliarden $ auf der Kaufkraftbasis von 1938, der somit neben den materiellen Schäden die Besatzungskosten einschließlich der im Jahr 1942 erhobenen Zwangsanleihe einschloss.[75] In späteren Schätzungen wurde dieser Betrag teilweise erheblich übertroffen.[76]

Für unsere Fragestellung ist dies jedoch belanglos. Entscheidend ist, dass das Reparationsabkommen seinerzeit in aller Form verabschiedet und auch von der griechischen Regierung – wenn auch verspätet – ratifiziert worden ist.[77] Der Grund dafür lag darin, dass Griechenland von den angelsächsischen Großmächten nur ein sehr geringer Anteil an dem in seiner absoluten Höhe erst noch festzulegenden Reparationspool zugestanden wurde, nämlich 2,7 bzw. 4,35 % für die beiden Hauptgruppen der Reparationszahlungen, wogegen die griechische Regierung genauso wie die übrigen »kleinen Alliierten« mehrfach protestierte.[78]

---

[74] Fleischer/Konstantinakou, Ad calendas graecas? S. 389, Fußnote 18.

[75] The National Archives, Kew, FO,371/1/48338, R 21200.

[76] Vgl. Kalafatis, Die wirtschaftliche Katastrophe Griechenlands, S. 20f.

[77] Nämlich durch das am 30.12.1955 veröffentlichte Gesetz Nr. 3478. Vgl. Griechischer Regierungsanzeiger vom 5.1.1956.

[78] Dabei wurde zwischen zwei Kategorien der Reparationsleistungen unterschieden, nämlich einer Hauptkategorie A (Deutsche Auslandsvermögen) und B (Demontagen und Abgabe der Handelsflotte). Für die

Gleichwohl bildet der bei den Verhandlungen vereinbarte Pauschalbetrag von 7,1 Milliarden $ einen völkerrechtlich unangreifbaren Ausgangspunkt für alle weiteren Überlegungen, denn das Pariser Reparationsabkommen ist zwar durch das Londoner Schuldenabkommen von 1953 faktisch suspendiert, aber nie aufgehoben worden – dazu noch weiter unten. Da sich die Kaufkraft der US-Dollars in der Zeit zwischen 1938 und 2010 aufgrund der ständig fortschreitenden Geldentwertung um den Faktor (Inflator) 15,0 verringerte, beliefen sich die durch die Pariser Reparationskonferenz begründeten Reparationsansprüche Griechenlands im Jahr 2010 auf 106,5 Milliarden $.

Die griechische Regierung hat die ihr zustehenden Reparationsleistungen in den folgenden Jahrzehnten immer wieder angemahnt. Allerdings hat sie zu Beginn des neuen Millenniums ihre Forderungen erheblich eingeschränkt. Im Jahr 2001 setzte Ministerpräsident Simitis eine neue Untersuchungskommission zur Klärung der Reparationsfrage ein, die von dem deutsch-griechischen Historiker Hagen Fleischer beraten wurde.[79] Die Kommission empfahl, künftig auf eine Globalforderung zu verzichten und sich nur noch auf die Erstattung der deutschen Reichsschuld zu konzentrieren, die von den Okkupationsexperten der Deutschen Reichsbank in ihrem Abschlussbericht vom 12. April 1945 inflationsbereinigt auf 476 Millionen Reichs-

---

Hauptkategorie A erhielt Griechenland 2,7 und für die Hauptkategorie B 4,35% zugesprochen; dieser Anteil war – verglichen mit den Zuweisungen an die angelsächsischen Großmächte – diskriminierend niedrig. Da aber bis zur Beendigung der Tätigkeit der Inter-Alliierten Reparationsagentur (IARA) nie eine Gesamtsumme der von den Westzonen bzw. der BRD zu erbringenden Reparationsleistungen festgelegt wurde, bleibt für uns der Griechenland während der Verhandlungen zugestandene Pauschalbetrag von 7,1 Milliarden $ maßgeblich.

[79] Vgl. Fleischer/Konstantinakou, Ad calendas graecas? S. 455f.

mark geschätzt worden war.[80] Angesichts der harten und unnachgiebigen Haltung der westdeutschen Machtelite gegenüber dem Reparationskomplex erschien dieser Rückzug auf eine Teilforderung, über die zudem auf rein bilateraler Ebene verhandelt werden konnte, aussichtsreicher, und auch die Ende Januar 2015 neu konstituierte griechische Regierung machte sich inzwischen diese Sichtweise zu eigen. Auf diese Weise wird das Reparationsproblem jedoch letztlich entschärft, und auch bei dieser Beschränkung auf einen von den Deutschen kurz vor Kriegsende selbst errechneten Umfang der Reichsschuld ist der Verhandlungserfolg keineswegs sicher. Denn die deutschen Adressaten könnten durchaus auf die Idee kommen, den Standpunkt der früheren Besatzungsspezialisten einzunehmen und die von ihnen geschätzte schwebende Reichsschuld, die sich inzwischen in Preisen des Jahrs 2015 auf elf Milliarden Euro beläuft, gegen angebliche Überschüsse auf Warenlieferungen und andere vermeintliche Aktivposten zu »verrechnen.«[81]

Durch das Londoner Schuldenabkommen vom Februar 1953 wurden die sieben Jahre zuvor verabschiedeten und an die westdeutschen Besatzungszonen sowie die spätere

---

[80] Oberregierungsrat Dr. S. Nestler, Das Finanzwesen einschließlich der Besatzungskosten in Griechenland während der deutschen Besatzungszeit 1941-1944 (Beilage zu einem Schreiben des Reichsbankdirektors Paul Hahn an den Präsidenten der Deutschen Reichsbank, 12.4.1945). Politisches Archiv des Auswärtigen Amts, R 27320, fol. 70-225, hier fol. 114.

[81] Genau dieser Aufgabe hat sich inzwischen der Publizist Götz Aly unterzogen: Vgl. Götz Aly, Griechische Schuldenlegenden, in: Berliner Zeitung, 23.2.2015. Seine Gegenargumente sind jedoch nicht stichhaltig, denn auch bei den Verrechnungssalden des Warenverkehrs war Deutschland Griechenland gegenüber erheblich im Defizit. Es ist schon bemerkenswert, wie sich hier ausgerechnet Götz Aly mit den Aufrechnungstricks der damaligen Besatzungsexperten identifiziert hat. Vgl. dazu auch die Replik Hagen Fleischers, in: Berliner Zeitung vom 8.3.2015.

BRD adressierten Reparationsforderungen bis zum Abschluss eines Friedensvertrags mit dem wiedervereinigten Deutschland vertagt. Der Hauptgrund dafür war, dass die USA und Großbritannien jetzt der Bedienung der deutschen Vorkriegsschulden gegenüber den privaten Gläubigern den Vorrang vor den kriegsbedingten Reparationsansprüchen einräumten.[82] Damit waren der griechischen Regierung die Hände auf der völkerrechtlichen Ebene gebunden. Um trotzdem weiter Druck auf die Bundesrepublik ausüben zu können, verknüpfte sie jetzt die Reparationsfrage mit der Fahndung nach den deutschen Kriegsverbrechern und den sich daraus ergebenden Entschädigungsforderungen ihrer Opfer. Sie wurde in der Folgezeit mehrfach in Bonn vorstellig, nachweislich vor allem im Jahr 1956.[83] Ein Jahr später erhöhte sie den Druck, als ihr die Verhaftung eines nach Griechenland eingereisten Kriegsverbrechers, des ehemaligen Leiters der Verwaltungs- und Wirtschaftsabteilung des Wehrmachtbefehlshabers Saloniki-Ägäis, Max Merten, gelang. Merten wurde zwei Jahre später vor einem Athener Militärgerichtshof zu 25 Jahren Haft verurteilt, jedoch einige Monate später in die Bundesrepublik abgescho-

---

[82] Christoph Buchheim, Das Londoner Schuldenabkommen, in: Ludolf Herbst (Hrsg.), Westdeutschland 1945-1955. Unterwerfung, Kontrolle, Integration, München 1986, S. 219-229; Ursula Rambeck-Jaschinski, Das Londoner Schuldenabkommen. Die Regelung der deutschen Auslandsschulden nach dem Zweiten Weltkrieg, München 2005.

[83] Vgl. zum Folgenden die Auswertung der diesbezüglichen griechischen Forschungsliteratur bei Wolfgang Breyer, Max Merten – ein Militärbeamter der deutschen Wehrmacht im Spannungsfeld zwischen Legende und Wahrheit, Phil. Diss. Universität Mannheim 2003 (ungedruckt), S. 106ff.; zur westdeutschen Blockadetaktik ergänzend Hagen Fleischer, »Endlösung« der Kriegsverbrecherfrage. Die verhinderte Ahndung deutscher Kriegsverbrechen in Griechenland, in: Norbert Frei (Hrsg.), Transnationale Vergangenheitspolitik. Der Umgang mit deutschen Kriegsverbrechern in Europa nach dem Zweiten Weltkrieg, Göttingen 2006, S. 464-535.

ben.[84] Die Bundesregierung honorierte diese Entscheidung des Ministerpräsidenten Konstantin Karamanlis, indem sie Griechenland in eine Serie zwischenstaatlicher Globalabkommen einbezog, durch die die rassisch und ideologisch-politisch Verfolgten aus den ehemaligen Besatzungsgebieten der westlichen Hemisphäre entschädigt wurden; gleichzeitig sollte durch diese Geste des Goodwill der westdeutsche Alleinvertretungsanspruch vor einer Reparationsinitiative der DDR abgeschottet werden.[85] Nach ausgedehnten Verhandlungen erhielt die griechische Regierung im März 1960 eine einmalige Zahlung in Höhe von 115 Millionen DM zuerkannt. In einer Protokollnotiz hielt die griechische Regierung vorsorglich fest, dass durch dieses Abkommen die schwebenden Reparationsforderungen keineswegs abgegolten waren.[86]

Zur Zeit des DDR-Anschlusses wurde mit dem nun anstehenden Friedensvertrag auch die Reparationsfrage wieder akut. Wer in diesem Zusammenhang auf eine verbindliche Regelung hoffte, sah sich jedoch bald getäuscht. Das im September 1990 zwischen den vier großen alliierten Siegermächten und den beiden deutschen Staaten am Vorabend ihres Zusammenschlusses ratifizierte Abkommen kam zweifellos einem Friedensvertrag gleich, ließ aber die Reparationsfrage völlig unerwähnt.[87] Wie wir inzwischen

---

[84] Vgl. zum Prozessverlauf und zu den Hintergründen der Abschiebung, Wolfgang Breyer, Max Merten, S. 115ff., 126ff.

[85] Als Gegenleistung für eine diplomatische Anerkennung hatte die DDR-Diplomatie mehreren west- und südeuropäischen Ländern bilaterale Entschädigungsverhandlungen angeboten.

[86] Vgl. Gabriele Heinecke, Ärger mit dem Erbe. Reparationen oder der Fall Distomo (Griechenland), August 2000. Siehe u.a. auch www.distomo-griechenland.de; www.nadir.org/nadir/initiativ/ak-distomo/.

[87] Vgl. Vertrag über die abschließende Regelung in Bezug auf Deutschland vom 12.9.1990. Im Internet bei Wikisource unter dem Stichwort Zwei-plus-Vier-Vertrag abrufbar.

wissen, setzten die westdeutschen Verhandlungsführer alles daran, um die Reparationsfrage auszuklammern.[88] Die Regierungen der früher von den Deutschen okkupierten und ausgebeuteten »kleinen Alliierten« wurden systematisch ausgegrenzt. Zusätzlich inszenierten die westdeutschen Spitzendiplomaten einen semantischen Etikettenschwindel, um dem Zwei-plus-Vier-Vertrag den Charakter eines faktischen Friedensvertrags zu nehmen. Alle diese Manöver änderten aber nichts an der Tatsache, dass die Reparationsfrage weiter offen blieb, denn es existieren ganz offensichtlich keine geheimen Vertragszusätze, in denen die Vertragspartner und die übrigen Signatarstaaten in aller Form die Reparationsfrage für erledigt erklärten. Sie war wieder einmal ausgeklammert worden, im Gegensatz zum Londoner Schuldenabkommen diesmal stillschweigend. Damit steht sie aber weiterhin unerledigt auf der Traktandenliste der Weltpolitik.

Durch dieses Fait accompli der großen Akteure waren die kleineren Siegermächte – und damit auch Griechenland – jedoch nicht tangiert. Auch wenn sie sich einige Monate später im Rahmen der KSZE-Akte den Grundsatzvereinbarungen des Zwei-plus-Vier-Vertrags anschlossen, kann daraus kein impliziter Verzicht auf die durch das Pariser Abkommen von 1946 völkerrechtlich verbrieften Reparationsansprüche abgeleitet werden, zumal die betroffenen Regierungen – und dabei gerade auch die griechische – keineswegs auf Demarchen in dieser Angelegenheit verzichteten.[89] Dazu ist im Umkehrschluss dann aber auch nicht die Bundesregierung berechtigt. Es bleibt den betroffenen Regierungen vielmehr nach wie vor vorbehalten, ihre noch

[88] Vgl. Klaus Wiegrefe, Die Furcht vor dem F-Wort, in: Der Spiegel, Nr. 9/2015, S. 26-27.

[89] Vgl. Fleischer/Konstantinakou, Ad calendas graecas? S. 448f.

unerfüllten Reparationsforderungen gegenüber Deutschland geltend zu machen.

Anders verhält es sich hingegen bei den früheren Besatzungsmächten Italien und Bulgarien. Als die ehemaligen Koalitionspartner NS-Deutschlands Italien, Bulgarien, Rumänien und Finnland im Februar 1947 mit den alliierten Siegermächten Frieden schlossen, hatten sie als Gegenleistung für die ihnen wieder zuerkannte staatliche Souveränität Reparationen an die Regierungen der von ihnen mit überfallenen und/oder okkupierten Länder zu zahlen.[90] Im Rahmen dieses Vertragswerks erhielt Griechenland von Italien 105 Millionen $ auf der Kaufkraftbasis von 1938, und von Bulgarien 45 Millionen $ erstattet. Auf dem heutigen Kaufkraftniveau (Stand 2010) waren dies 1,575 Milliarden $ bzw. 675 Millionen $ – also vergleichsweise geringe Beträge. Das rührte daher, dass die neuen Schutzmächte der ehemaligen Partner der »Achse« – die USA und die UdSSR – infolge der sich abzeichnenden Blockbildungen des Kalten Kriegs die von Italien, Bulgarien, Rumänien und Finnland jeweils zu erbringenden Reparationsleistungen herunter rechneten. Aus diesem Reparationsverfahren waren jedoch die Hauptverantwortlichen, die Deutschen, ausgeschlossen. Die von ihnen zu erbringenden Transferleistungen waren durch die Bestimmungen des Pariser Reparationsabkommens geregelt, die bis zu ihrer Zurückstellung durch das Londoner Schuldenabkommen auch durchaus in Anspruch genommen worden sind.

---

90 Die Traktanden und Ergebnisse der Pariser Friedenskonferenz, die in einem am 10. Februar 1947 unterzeichneten Friedensvertrag zusammengefasst wurden, sind auf der Website des U.S. State Department ausführlich dokumentiert.

Die deutschen Reparationsleistungen gegenüber Griechenland – eine noch weitgehend offene Rechnung[91]

Infolgedessen kamen auch die – durch die Westzonen bzw. die spätere BRD vertretenen – Deutschen keineswegs ungeschoren davon. Wie die US-amerikanischen Quellenüberlieferungen ausweisen, trat die im Februar 1946 gegründete Internationale Reparationsagentur durchaus in Aktion und betrieb die Konfiskation der deutschen Auslandsvermögen und vielfältige Demontageaktionen, um die insgesamt 18 Reparationsgläubiger der westlichen Hemisphäre zu bedienen.[92] Da sie dabei aber auf Entnahmen aus der laufenden Produktion der Westzonen verzichtete, erreichte sie nie die Transferleistungen, die die Sowjetische Militär-Administration aus der SBZ sowie der späteren DDR zur Befriedigung der Reparationsansprüche der Sowjetunion – und teilweise auch Polens[93] – herausholte. Mit etwa 4,8 Milliarden $ beliefen sich die westdeutschen Reparationsleistungen nur auf etwa zwei Fünftel ihres östlichen Pendants, das Anlagegüter, Warenlieferungen und Dienstleistungen im Umfang von mindestens 12 Milliarden $ mobilisierte.[94]

---

[91] Ich danke Thomas Bindl für die Zusammenstellung der statistischen Unterlagen, die die nun folgenden Berechnungen ermöglichten.

[92] Vgl. die Dokumentation der Auseinandersetzung um die Aktivitäten der IARA in: National Archives and Records Administration, Washington D.C., RG 260 (OMGUS); sowie in den Bänden der Quellenedition Foreign Relations of the United States (FRUS), Washington, D.C., zu den Jahren 1946-1950.

[93] Dieser Aspekt ist in der Forschung jedoch seit neuestem wieder umstritten, denn offensichtlich haben die Sowjets auch aus den ehemals von den Deutschen annektierten polnischen Westprovinzen – insbesondere Ost-Oberschlesien – Reparationslieferungen herausgeholt. Vgl. hierzu die Ausführungen über die deutschen Reparationsleistungen zugunsten der Sowjetunion und Polens im ersten Abschnitt dieser Studie.

[94] Vgl. Jörg Fisch, Reparationen nach dem Zweiten Weltkrieg, München 1992, S. 319f.; Ders., Reparationen und Entschädigung nach dem

Da wir anhand unserer Berechnungen davon ausgehen können, dass an Griechenland davon im Höchstfall 3,5% transferiert wurden,[95] ergibt sich daraus ein Betrag von 186,8 Millionen $ auf der Kaufkraftbasis des Jahrs 1948. Unter Berücksichtigung des Inflators (9,23) beläuft sich der seinerzeit geleistete Reparationsbetrag somit heute abgerundet auf 1,724 Milliarden $.

1960 folgte dann die Globalzahlung der Bundesrepublik im Umfang von 115 Millionen DM. Auch wenn sie ausschließlich zur Entschädigung rassisch und ideologisch Verfolgter der deutschen Besatzungsherrschaft geleistet wurde und die Entschädigung der Nachkommen der Massakeropfer und Hungertoten ausschloss, hatte sie allein schon wegen des zwischenstaatlichen Transfermodus den Charakter einer Reparationsleistung, zumal das Pariser Reparationsabkommen von 1946 alle individuellen Entschädigungsleistungen mit einbezogen hatte. Unter Berücksichtigung des damaligen Wechselkurses flossen somit im Jahr 1960 weitere 27,578 Millionen $ nach Griechenland. Da sich der Inflator der Zeitspanne zwischen 1960 und 2010 auf 7,35 beziffert, waren dies auf der Kaufkraftbasis des Jahrs 2010 abgerundet 202,7 Millionen $.

Zweiten Weltkrieg, in: Blätter für deutsche und internationale Politik, H. 6/2000, S. 687-696 (Tabelle S. 691). Einige Autoren kamen bei ihrer Untersuchungen zu deutlich höheren Beträgen.

[95] Dieser Prozentsatz wurde als fiktiver Durchschnitt aus den Griechenland zugesprochenen Anteilen an den Reparationsgruppen A (2,7%) und B (4,35%) gebildet. Wahrscheinlich war der tatsächlich bewerkstelligte Transfer wesentlich geringer, aber es gibt bislang keine beweiskräftigen Belege dafür. Einer Berechnung des Bonner Auswärtigen Amts zufolge erreichten die in den folgenden Jahren gelieferten Anlagen und Waren sogar nur einen Gegenwert von knapp 25 Millionen $: Aufzeichnung Referat 206, 20.6.1958. Politisches Archiv des Auswärtigen Amts, B 26/133. Dabei blieben jedoch mögliche Überweisungen aus der Konfiskation der deutschen Auslandsvermögen (Reparationsgruppe A) offensichtlich unberücksichtigt.

Dagegen fand die zweite gruppenspezifische Entschädigungszahlung, die 2003 im Rahmen der Bundesstiftung »Erinnerung, Verantwortung und Zukunft« zugunsten der ehemaligen griechischen Zwangsarbeiterinnen und Zwangsarbeiter geleistet wurde, außerhalb der zwischenstaatlichen Vertragsebene statt. Da aber unsere Referenzbasis, das Reparationsabkommen von 1946, die spätere Aufsplitterung der kriegsbedingten Entschädigungsleistungen in staatliche Reparationen und privatrechtlich begründete Individualzahlungen noch nicht kannte,[96] sollten wir auch diese Zahlungen nicht ausklammern. An die ehemaligen griechischen Zwangsarbeiterinnen und Zwangsarbeiter wurden 20 Millionen Euro gezahlt, nach dem Umrechnungskurs des Jahrs 2003 waren dies 22,588 Millionen $. Hinzu kommt der Inflator für die Zeitspanne 2003 bis 2010 (1,19), sodass sich der im Jahr 2003 geflossene Betrag auf der Basis der Kaufkraft des Jahrs 2010 auf etwa 26,9 Millionen $ beziffert.

Addieren wir diese drei Teilbeträge auf der Basis der Kaufkraft des Jahrs 2010, so erhalten wir eine Zwischensumme von abgerundet 1,954 Milliarden $, die von der im Jahr 1946 festgelegten Gesamtsumme (106,5 Milliarden $ in Preisen von 2010) abgezogen werden muss. Unter Berücksichtigung der Kaufkraftkonstellation des Jahrs 2010 belief sie sich somit auf 104,546 Milliarden $ oder – bei einem Wechselkurs des US-Dollar zum Euro in Höhe von 0,754 – auf umgerechnet 78,844 Milliarden Euro. Seither wurde der Euro jedoch erheblich abgewertet, und dieser

[96] Bei der Diskussion dieses Phänomens wird regelmäßig übersehen, dass die Entwicklung und Ausgestaltung der individuellen Entschädigungsansprüche von Einzelpersonen und spezifisch definierten gesellschaftlichen Opfergruppen erst dann einsetzte, als die alle Komponenten umfassenden Reparationsleistungen im Gefolge des Kalten Kriegs zunehmend eingeschränkt wurden.

Trend wird sich auch mittelfristig fortsetzen.[97] Am Stichtag 12. März 2015 wurde beispielsweise ein Wechselkurs des US-Dollars zum Euro im Verhältnis von 1 : 0,9422 notiert, die deutsche Reparationsschuld beläuft sich also derzeit auf 98,503 Milliarden Euro. Wir können somit auf absehbare Zeit von einer deutschen Reparationsschuld gegenüber Griechenland im Volumen von mindestens 90 Milliarden Euro ausgehen.

Wer soll das bezahlen?

In Deutschland wird diese Berechnung von der überwiegenden Mehrheit sicher als skandalös empfunden und ihr Ergebnis in einer Mischung aus Wut und Empörung zurückgewiesen werden – wenn es denn überhaupt gelingt, die Mauer des Totschweigens zu überwinden. Im Hoffen darauf wollen wir uns schon jetzt mit den dann zu erwartenden Kommentaren und Gegenargumenten auseinandersetzen.

Bereits jetzt wollen wir erstens das Argument zurückweisen, das Pariser Reparationsabkommen sei allein schon wegen der seit seiner Verabschiedung entstandenen Zeitspanne von fast 70 Jahren »Schnee von gestern«, auch wenn es nie völkerrechtlich außer Kraft gesetzt wurde. Beispielsweise wurden die deutschen Auslandsschulden gegenüber privaten Gläubigern, die bis auf das Jahr 1924 zurückreichten, im Ergebnis des Londoner Schuldenabkommens bis zu ihrer endgültigen Tilgung in den 1980er Jahren bedient. Darüber hinaus waren der BRD erhebliche Zinsrückstände aus Reparationszahlungen des Ersten Weltkriegs bis zur

[97] Vgl. dazu die Ausführungen im ersten Schwerpunkt der vorliegenden Flugschrift.

Zeit nach einem Friedensvertrag gestundet worden, und der deutsche Fiskus hat die letzten Ratenzahlungen am 3. Oktober 2010 überwiesen – fast ein Jahrhundert nach Kriegsende. Es grenzt deshalb an Zynismus, wenn die Bundesregierung die griechischen Reparationsforderungen mit dem Argument zurückweist, eine derart große Zeitspanne sei in der Geschichte der Reparationen präzedenzlos.

Zweitens wollen wir darauf hinweisen, dass wir bei unseren Berechnungen immer von Mindestannahmen und Mindestzahlen ausgegangen sind. Wir haben zur Umrechnung einen Preisindex benutzt, der ausschließlich an der Entwicklung der Konsumentenpreise orientiert ist und die seitherige Veränderung der Kaufkraft durch die Einführung eines Inflators berücksichtigt. Da es sich bei den Reparationsleistungen aber nicht nur um Kompensationszahlungen für geraubte Güter und Dienstleistungen, sondern auch für entzogene Arbeitslöhne und Einkommen handelt, wäre an sich eine ergänzende Gegenrechnung durch den Lohnindex oder den Sozialprodukt-Index erforderlich gewesen, woraus dann ein Mittelwert hätte errechnet werden können.[98] In diesem Fall wären die zu erstattenden Reparationsleistungen wesentlich höher ausgefallen.

Im Übrigen haben wir auch auf eine Verzinsung der seit 1946 bestehenden griechischen Ansprüche verzichtet. Bei einem international üblichen Zinssatz von 4% wären im Jahr 1946 284,0 Millionen $ Zinsen angefallen, die sich bis 2010 auf 4,26 Milliarden $ gesteigert und die noch offene Reparationssumme wesentlich erhöht hätten. Darauf haben wir jedoch in der Erwägung verzichtet, dass die grie-

[98] Beispielsweise hat Thomas Kuczynski in seinem bekannten Gutachten zur Zwangsarbeiterentschädigung – völlig zu Recht – den Lebenshaltungsindex (Inflator) mit dem Lohnindex (Deflator) kombiniert und daraus einen Mittelwert gebildet. Vgl. Thomas Kuczynski, Brosamen vom Herrentisch, Berlin 2004.

chische Regierung es nach der Aufhebung des Reparationsmoratoriums durch den Zwei-plus-Vier-Vertrag des Jahrs 1990 unterließ, ihre aus dem Jahr 1946 fortbestehenden Ansprüche in aller Form geltend zu machen.[99] Auch wenn die griechische Regierung dieses Versäumnis inzwischen korrigiert hat und auf höchster Ebene neue Verhandlungen zur Reparationsfrage fordert, wird sie wohl kaum mehr einen Anspruch auf die Bedienung der Zinsen erheben können. Es kann nur noch darum gehen, die bis heute offen gebliebenen Reparationszahlungen auf der gegenwärtigen Kaufkraftbasis einzutreiben, also die Bundesrepublik Deutschland endlich zur Tilgung ihrer fälligen Reparationsschuld zu veranlassen.

In einem dritten Argumentationsstrang werden vor allem sozialpopulistische Ressentiments bedient werden nach dem Motto: Sollen die kleinen Steuerzahler und die ohnehin schon der Altersarmut überantworteten deutschen Rentner nun auch noch für die Reparationsansprüche Griechenlands aus dem Zweiten Weltkrieg büßen? Hier sollten wir schon jetzt vorbeugend auf die historischen Tatbestände hinweisen. Neben der Deutschen Reichsbank, dem Reichsfiskus, den Wirtschaftsverbänden und den Wirtschaftskommandos der Wehrmacht waren es vor allem die Großunternehmen, die den Raubzug in Griechenland organisierten und davon profitierten. Sie existieren in der Mehrzahl auch noch heute und spielen nach wie vor die griechische Karte: ThyssenKrupp (damals Fried. Krupp AG), die Zigarettenindustrie,[100] der Siemens-Konzern, die führenden Bauunter-

[99] Beispielsweise durch eine Protokollnotiz anlässlich der Mitunterzeichnung der KSZE-Akte im Jahr 1990. Seit 1995 ist die griechische Regierung dann immer wieder in Berlin wegen der unerledigten Reparationsfrage vorstellig geworden.

[100] Von den 85.000 Tonnen Rohtabak, die der Reemtsma-Manager Otto Lose 1941 konfisziert und nach Deutschland abtransportiert hatte,

nehmen (damals »Einsatzfirmen« der Organisation Todt), die Großbanken (allen voran die Deutsche Bank AG) und zahlreiche andere Unternehmen, die sich aus den schriftlichen Überlieferungen unschwer rekonstruieren lassen. Sie sollten genauso wie die Deutsche Bundesbank als Rechtsnachfolgerin der Reichsbank und die Nachfolger der Organisatoren des DEGRIGES-Handelsmonopols (Bundesverband der Deutschen Industrie und Bundesvereinigung des Groß- und Außenhandels) zur Kasse gebeten werden. Gerade jetzt wären eine großzügige Abgabe aus den Goldreserven der Deutschen Bundesbank und eine Vermögensabgabe seitens der historisch Verantwortlichen an das krisengeschüttelte Griechenland ein wichtiges Signal.

---

wurden 1967 im Rahmen eines 1961 geschlossenen Vergleichsvertrags lediglich 2.000 Tonnen erfasst und mit 4,8 Millionen DM abgegolten. Vgl. Schreiben des Bundesfinanzministeriums an das Auswärtige Amt, 10.7.1961. Politisches Archiv des Auswärtigen Amts, B 86 /572; Gesetz Nr. 56/22.6.1967, in: Ephimeris tis Kyberniseos vom 5.8.1968.

Zusammenfassung

Am 25. Januar 2015 hat die griechische Bevölkerung die Koalition der Linken (Syriza) in die Regierung gewählt und sich damit klar gegen die Austeritätsprogramme der Troika aus Europäischer Zentralbank (EZB), EU-Kommission und dem Internationalen Währungsfonds ausgesprochen. Das neue Kabinett hat unverzüglich begonnen, dieses Mandat umzusetzen. Es hat ein Sofortprogramm zur Überwindung der humanitären Katastrophe verabschiedet, ein Maßnahmenpaket zur Zurücknahme der härtesten Auswirkungen des Sozialabbaus gebündelt und ein Jobgarantie-Programm angekündigt. Dieses Programm soll durch die Bekämpfung der Korruption und des Klientelismus, durch eine großzügige Reduzierung der Schuldenlast und durch die Begleichung der immer noch offenen deutschen Reparationsschulden finanziert werden. Leider blieb eine weitere mögliche Refinanzierungsquelle unerwähnt: die Senkung der Militärausgaben. Wenn sich die neue griechische Regierung um eine Verständigung mit der wegen des Zypern-Konflikts verfeindeten Türkei bemühen würde, dann könnte sie den vergleichsweise hohen Militär- und Rüstungsetat erheblich einschränken.

Die Entscheidungszentren der europäischen Gläubiger – insbesondere die Finanzminister der Eurogruppe und der Rat der Staats- und Regierungschefs – haben diese sozial- und wirtschaftspolitische Kehrtwende kompromisslos abgelehnt. Gleichzeitig drehten die EZB und die Eurogruppe der griechischen Regierung den Geldhahn zu und gestatteten den griechischen Geschäftsbanken nur noch den Zugriff auf Notfallkredite zur Behebung von Liquiditätsengpässen. Darüber hinaus zwangen sie die griechische

Regierung, uneingeschränkt für die Weiterbedienung des Schuldendiensts geradezustehen, die von der Troika diktierten fiskal- und finanzpolitischen Eingriffe fortzusetzen und alles zu unterlassen, was diese Prioritätssetzung infrage stellen könnte. Unter diesen Bedingungen erklärten sie sich dann bereit, das laufende Darlehensabkommen über vier Monate bis Ende Juni zu verlängern.

Infolgedessen hat sich die Situation keineswegs beruhigt. Sie wird sich vielmehr weiter zuspitzen und das Syriza-Programm zum Scheitern bringen, wenn die europäische Linke nicht über ohnmächtige Solidaritätsgesten hinauskommt. Wie die Vorgängerregierungen soll das Kabinett Tsipras die Enteignung und Pauperisierung der griechischen Unter- und Mittelschichten zugunsten der Gläubiger fortsetzen. Die damit einhergehende Isolierung und Ausschaltung des an der europäischen Peripherie aufgetauchten Hoffnungsträgers hat für die Spitzengremien der Eurozone und der Europäischen Union sowie die diese dominierende deutsche Vormacht Vorrang vor sozialen, humanitären und ökonomischen Erwägungen.

In dieser Situation ist es nötig, die deutschen Herrschaftseliten mit einem Programm zu konfrontieren, das an ihrer historisch-moralischen Verantwortung ansetzt und die bis heute ausgebliebene Sühneleistung für die im Zweiten Weltkrieg betriebene Ausplünderung und Zerstörung Griechenlands mit einer Starthilfe für den Wiederaufbau des im Verlauf der Weltwirtschaftskrise von 2008/09 und der folgenden Depressionsjahre ruinierten Landes verbindet.

Deutschland hat Griechenland im April 1941 überfallen und in den folgenden dreieinhalb Jahren der Besatzungsherrschaft brutal ausgeplündert. Die durch die Besatzungskosten herbeigeführte Hyperinflation hat im Winter 1941/42 den Hungertod von 100.000 Menschen zur Folge gehabt. Deutsche Militär- und Polizeieinheiten haben schreckliche

Massaker an der Zivilbevölkerung begangen und bei ihrem Rückzug den größten Teil der griechischen Handelsflotte sowie der Verkehrsinfrastruktur vernichtet. Griechenland sind deshalb 1946 auf der Pariser Reparationskonferenz Reparationsleistungen im Wert von 7,1 Milliarden US-Dollar zugesprochen worden. Dieser Betrag entspricht unter Berücksichtigung der seither eingetretenen Geldentwertung und der aktuellen Wechselkurse einem Volumen von mindestens 90 Milliarden Euro.

Wir schlagen vor, diese Schulden durch den Transfer eines erheblichen Teils der Goldreserven der Deutschen Bundesbank zu begleichen. An die griechische Zentralbank sollten erstens Goldbarren im Wert von 7 Milliarden Euro zur Finanzierung des Not- und Soforthilfeprogramms der griechischen Regierung versandt werden. Eine zweite Goldlieferung im Gegenwert von 28 Milliarden Euro sollte dem Euro-Rettungsschirm zur Verfügung gestellt werden, um den deutschen Anteil an einer fünfzigprozentigen Abschreibung der griechischen Staatsschulden abzudecken. Eine dritte Goldlieferung im Wert von 25 Milliarden Euro sollte an die Europäische Investitionsbank (EIB) transferiert und von dieser als zinsfreies und nicht rückzahlbares Darlehen an eine neu zu gründende griechische Wiederaufbau-Kreditanstalt weitergeleitet werden, die anschließend ein Jobgarantie- und Wiederaufbauprogramm mit dreijähriger Laufzeit auflegen könnte. Schließlich sollte die Bundesbank weitere Goldbarren im Gegenwert von 8 Milliarden Euro verkaufen und den Erlös einem neu zu gründenden griechischen Entschädigungs- und Gedenkfonds zur Verfügung stellen. Aus diesem Fonds könnten dann die Nachkommen der Massaker- und Geiselmordopfer entschädigt, die lokalen Gedenkstätten ausgebaut und ein zentrales Forschungsinstitut zur Geschichte der Okkupation, des Widerstands und des Bürgerkriegs gegründet werden.

Den Restbetrag der deutschen Reparationsschuld – 22 Milliarden Euro – könnte die griechische Regierung schließlich an einen zu gründenden europäischen Reparations- und Entschädigungsfonds abtreten und für Nothilfemaßnahmen zugunsten anderer EU-Mitgliedsländer sowie Opfergruppen zur Verfügung stellen, die ebenfalls noch offene Reparations- und Entschädigungsansprüche an Deutschland haben. Darüber hinaus sollten wir versuchen, einem Transfer weiterer Goldreserven im Gegenwert von 28 Milliarden Euro an diesen Reparations- und Entschädigungsfonds durchzusetzen. Damit wäre der Grundstock zur Einberufung einer abschließenden Reparations- und Entschädigungskonferenz gelegt, die im Rahmen einer den Zwei-plus-Vier-Vertrag ergänzenden abschließenden Reparations- und Entschädigungsakte einen Schlussstrich unter die Hypotheken des Zweiten Weltkriegs ziehen könnte.

Bei dieser einmaligen und zugleich abschließenden Reparations- und Entschädigungsinitiative sollten wir jedoch nicht stehenbleiben. Sie sollte vielmehr dazu genutzt werden, um der merkantilistischen Dominanz Deutschlands innerhalb der Europäischen Union entgegenzutreten und die durch sie extrem zugespitzten Ungleichgewichte zwischen den Überschuss- und Defizitländern der Europäischen Union bzw. der Euro-Zone aufzuheben.

Diese Forderungen wirken angesichts der aktuellen Machtverhältnisse unrealistisch und utopisch. Jedoch könnte ihre Umsetzung den überfälligen moralischen Schlussstrich unter die Hypotheken des Zweiten Weltkriegs mit den Handlungsoptionen eines post-keynesianischen Wirtschaftsprogramms verbinden.

Die Schwierigkeiten einer Durch- und Umsetzung dieses Vorschlags auf dem politischen Feld liegen auf der Hand. Die sich am Fall Griechenland zuspitzende Entwicklung ist jedoch derart bedrohlich, dass wir alle diejenigen, die ihre

Augen nicht vor den katastrophalen sozialen und humanitären Auswirkungen einer weitergeführten Austeritätspolitik verschließen, zu einer großen Anstrengung aufrufen. Lasst die gegenseitigen Abschottungen und die kleinteiligen Nischen der Ein-Punkt-Kampagnen hinter euch und stellt euch den Aufgaben, die die Rückkehr der Mehrheit der griechischen Bevölkerung zu Würde und Selbstachtung auf die Tagesordnung gesetzt hat. Wir fordern die politischen Institutionen der Linken – Syriza, Podemos, die deutsche Linkspartei und die linken Gewerkschafterinnen und Gewerkschafter – auf, sich der europäischen Herausforderung zu stellen und gemeinsam mit den sozialen Basisbewegungen und außerparlamentarischen Gruppen und Organisation die Wende zu einem sozialen, demokratisch verfassten und die ökonomische Stagnation überwindenden Europa in die Wege zu leiten.